经济·统计前沿论丛

机构投资者有限理性行为研究

刘 佳 著

知识产权出版社
全国百佳图书出版单位
—北京—

图书在版编目（CIP）数据

机构投资者有限理性行为研究 / 刘佳著. -- 北京：知识产权出版社，2025.7. --（经济·统计前沿论丛）.
ISBN 978-7-5130-9240-1

Ⅰ.F832.51

中国国家版本馆CIP数据核字第2025NC0058号

内容提要

从客观实际出发，在"前景理论"和"信息不对称理论"前提下，机构投资者的行为同样具有有限理性特征。本书以此为理论假设对机构投资者的有限理性行为进行了多维的测度与现状分析，并从"企业–市场–政策"的关系角度进行了实证研究，使用2006—2020年中国资本市场中的大量数据，通过网络系统的构建、测度和LSV模型得到了多个层次的数据，包括面板数据、时间序列数据、买入与卖出同侪行为数据，从而运用线性回归、非线性回归、向量自回归、因果效应等统计模型进行经验研究，由此得到一系列有价值的结论。

责任编辑：刘 濛	责任校对：谷 洋
封面设计：邵建文 马倬麟	责任印制：孙婷婷

经济·统计前沿论丛

机构投资者有限理性行为研究

刘 佳 著

出版发行：	知识产权出版社有限责任公司	网 址：	http://www.ipph.cn
社 址：	北京市海淀区气象路50号院	邮 编：	100081
责编电话：	010-82000860 转 8119	责编邮箱：	liuhe@cnipr.com
发行电话：	010-82000860 转 8101/8102	发行传真：	010-82000893
印 刷：	北京中献拓方科技发展有限公司	经 销：	新华书店、各大网上书店及相关专业书店
开 本：	787mm×1092mm 1/16	印 张：	13
版 次：	2025年7月第1版	印 次：	2025年7月第1次印刷
字 数：	191千字	定 价：	89.00元
ISBN 978-7-5130-9240-1			

出版权专有 侵权必究
如有印装质量问题，本社负责调换。

前　言

我国的资本市场正在经历从以个人投资者为主，逐步转变为以机构投资者为主的结构性变化。从经济全局角度看，机构投资者可以通过证券这个中观市场将社会资源和居民积累引导到有活力、有潜力的实体经济中，为经济的高质量发展贡献资本力量，成为经济板块之间不可或缺的中介力量和参与主体。近些年来，我国证券市场中的机构投资者行为成为一大研究热点，专家学者、相关部门希望它作为投资人中的专业力量，能够肩负起重要作用，具体可以归纳为三点：缓解企业融资约束，改善上市公司治理结构；引导长期价值投资，维护证券市场稳定；在政策调整与改革中服务实体经济，满足新经济的融资需求。机构投资者应当成为企业股权融资的"压舱石"，市场走势的"稳定器"，监管政策的"排头兵"。

本书在"前景理论"和"信息不对称理论"的前提下，探讨机构投资者的行为具有有限理性特征；以实证方法考察机构投资者有限理性行为的现状与网络分析，进行行为测度，并针对上市企业的战略风险与价值识别、金融市场的长期走势与短期动荡，以及相关监督管理部门针对性政策实施三个关系层面，研究机构投资者有限理性行为；提出从市场参与者角度，抓住矛盾重点，稳定资本市场，加强防范系统性金融风险的具体路径。相关结构和章节内容如下。

第1章，绪论。本章以国内资本市场的现实经济环境为背景，引出本书的选题背景和研究意义。从企业决策、资本市场和政策监管三个方面对机构投资者有限理性行为的国内外研究文献进行梳理和述评。并对研究目标、研究路线、研究内容和方法、研究重难点及可能的创新点进行介绍和总结。

第 2 章，理论梳理与机制分析。本章主要围绕四个问题展开：①我国具体实际中对机构投资者的界定，理论界对于有限理性概念的描述和发展；②前景理论与信息不对称理论的提出、发展和问题适用性；③机构投资者有限理性行为的定义和研究视角；④机构投资者与上市公司、资本市场、政策监管的关系机制。对这些问题的梳理和分析为后文的研究提供理论支撑和分析视角。

第 3 章，机构投资者有限理性行为现状分析与多维测度。本章主要围绕三个问题展开：①机构投资者的发展阶段、构成结构及行为特征等现状分析；②从现状分析中得到目前机构投资者的网络系统构建和社会网络分析，包括基本属性、最小生成树、网络中心度；③机构投资者有限理性行为多维测度，包括网络遍历与聚类、密度熵与结构熵、同侪行为指数等。对这些问题的研究为后文中实证分析提供机构投资者行为的合理度量。

第 4 章，机构投资者有限理性行为与企业。本章主要研究内容为面对上市企业的战略偏差引起的风险，机构投资者在有限理性的信息环境中能否进行识别。运用 2006—2020 年季度面板数据进行了实证，研究发现整体上机构投资者对于企业战略偏差态度谨慎，但是也具有认可程度的异质性和非对称性。同时对于机构投资者在有限理性行为下对企业科技创新的价值创造的偏好和情绪传染进行了研究。由于企业创新数据的限制运用了年度面板数据进行了实证，发现机构投资者对于企业的创新确实具有偏好，但是不具有一致性，并且函数关系较为复杂，通过机制分析发现二者之间存在情绪的影响因素。

第 5 章，机构投资者有限理性行为与市场。本章主要研究内容为我国机构投资者的持股行为和私人信息传播对股市走势造成的波动性影响。具体测度为使用香农熵分别测度机构投资者的复杂性和结构性。运用 2006—2020 年的年度时间序列进行了实证，研究发现机构投资者的持股行为和私人传播对股市造成影响，有发展阶段上的不对称性和不同市场状态下的异质性。

第 6 章，机构投资者有限理性行为与政策。本章主要研究内容为当我国金融监管相关部门有针对性地进行调节调控时，能否抑制机构投资者有限理性行为中的非理性部分。具体测度为机构投资者卖出和买入等同侪行为，运用 2006—2020 年的年度面板数据进行了实证，研究发现政府部门的相关政策可以显著地抑制机构的模仿、羊群等同侪行为，并且当机构投资者的持股动机偏向非业绩支撑和短期时，抑制作用显著。

第 7 章，结论与建议。这一部分是对本书研究内容和主要结论的总结和评论，并提出了一些有针对性的政策建议，以及指出本书的研究不足和未来展望。

机构投资者作为企业，以追求利润为根本，但这并非唯一追求；身担多重委托代理身份，寄予多重监管要求，需要苦练内功，肩负重任。本书的具体政策建议有以下四点：①认知机构投资者行为特点，发挥机构投资者的作用；②优化机构投资者结构，构建良好的专业队伍；③提高企业信息披露水平，维护市场中的信息公平；④关注市场概念炒作与波动异常，引导价值投资回归理性。

目 录

第1章 绪论 ·· 1

  1.1 选题背景和研究意义 ·· 1

    1.1.1 选题背景 ··· 1

    1.1.2 研究意义 ··· 4

  1.2 文献综述 ·· 6

    1.2.1 企业决策中的机构投资者有限理性行为 ················ 7

    1.2.2 资本市场中的机构投资者有限理性行为 ·············· 14

    1.2.3 政策监管下的机构投资者有限理性行为 ·············· 20

    1.2.4 文献述评与启示 ·· 23

  1.3 研究目标、方法与研究路线 ····································· 24

    1.3.1 研究目标 ·· 24

    1.3.2 研究方法 ·· 25

    1.3.3 研究路线 ·· 26

  1.4 本章小结 ··· 28

第2章 理论梳理与机制分析 ··· 29

  2.1 相关概念 ··· 29

    2.1.1 机构投资者 ··· 29

    2.1.2 有限理性行为 ·· 30

  2.2 理论基础 ··· 33

I

  2.2.1 前景理论 ·· 33
  2.2.2 信息不对称理论 ·· 37
  2.2.3 基础理论适用性 ·· 44
  2.2.4 机构投资者有限理性行为定义 ································· 45
 2.3 机构投资者有限理性行为研究视角 ································· 46
  2.3.1 企业外部股东——纾困企业融资 ····························· 48
  2.3.2 市场参与主体——引领市场投资 ····························· 50
  2.3.3 政策监管对象——归属政府规制 ····························· 51
 2.4 机构投资者有限理性行为与"企业—市场—政策"的
   具体机制 ·· 53
  2.4.1 机构投资者有限理性行为对企业持有策略的影响 ······· 53
  2.4.2 机构投资者有限理性行为对市场波动性的影响 ·········· 57
  2.4.3 机构投资者有限理性行为与监管政策的因果效应 ······· 59
 2.5 本章小结 ··· 61

第3章 机构投资者有限理性行为现状分析与多维测度 ············ 62
 3.1 机构投资者现状分析 ·· 62
  3.1.1 发展阶段 ··· 62
  3.1.2 构成结构 ··· 65
  3.1.3 行为特征 ··· 69
 3.2 行为网络构建与分析 ·· 75
  3.2.1 网络系统构建 ··· 78
  3.2.2 社会网络分析 ··· 79
 3.3 机构投资者有限理性行为多维测度 ································· 84
  3.3.1 网络遍历与聚类 ·· 85
  3.3.2 密度熵与结构熵 ·· 88
  3.3.3 同侪行为测度 ··· 95
 3.4 本章小结 ··· 98

第4章 机构投资者有限理性行为与企业 ········· 101

4.1 企业变量、模型构建与数据来源 ········· 101
4.1.1 企业战略风险 ········· 101
4.1.2 模型构建 ········· 105
4.1.3 数据来源与模型适用性检验 ········· 105

4.2 回归结果与分析 ········· 109
4.2.1 基准回归 ········· 109
4.2.2 企业产权异质分析 ········· 110
4.2.3 企业战略维度异质分析 ········· 111
4.2.4 市场环境异质分析 ········· 113

4.3 稳健性检验 ········· 115
4.3.1 因变量测度调整 ········· 115
4.3.2 自变量测度调整 ········· 115
4.3.3 网络阈值调整 ········· 116

4.4 企业价值创造——创新战略举例 ········· 117
4.4.1 机构投资者与企业创新 ········· 117
4.4.2 非线性关系的初步研究 ········· 121
4.4.3 门限回归区制分析 ········· 124
4.4.4 滞后算子的区制检验 ········· 128
4.4.5 情绪传导与遮掩效应 ········· 130

4.5 本章小结 ········· 133

第5章 机构投资者有限理性行为与市场 ········· 136

5.1 市场变量、模型构建与数据来源 ········· 136
5.1.1 市场变量 ········· 136
5.1.2 模型构建 ········· 137
5.1.3 数据来源 ········· 139

  5.2 模型适用性检验 ·· 140
    5.2.1 平稳性检验 ·· 140
    5.2.2 模型滞后期 ·· 141
    5.2.3 抽样设置 ·· 141
  5.3 实验结果与分析 ·· 143
    5.3.1 时变随机波动性分析 ···································· 143
    5.3.2 时变脉冲响应分析 ······································ 145
    5.3.3 联动脉冲响应分析 ······································ 150
  5.4 本章小结 ·· 152

第 6 章 机构投资者有限理性行为与政策 ······················ 154

  6.1 模型构建与数据来源 ·· 154
    6.1.1 模型构建 ·· 154
    6.1.2 数据来源 ·· 156
  6.2 回归结果与分析 ·· 157
    6.2.1 相关性分析 ·· 157
    6.2.2 组间差异分析 ·· 158
    6.2.3 双重差分基准回归 ······································ 159
  6.3 稳健性检验 ·· 161
    6.3.1 扩容窗口期检验 ·· 161
    6.3.2 平行性检验 ·· 163
    6.3.3 倾向得分匹配检验 ······································ 165
    6.3.4 排除 IPO 当年影响 ······································ 169
  6.4 进一步研究 ·· 170
    6.4.1 持股动机的收益分析 ···································· 170
    6.4.2 持股动机的换手率分析 ·································· 172
  6.5 本章小结 ·· 175

第 7 章 结论与建议 ·· 177
　7.1 基本结论 ·· 177
　7.2 相关建议 ·· 180
　　7.2.1 机构启示 ··· 181
　　7.2.2 政策建议 ··· 182
　7.3 研究展望 ·· 186

参考文献 ··· 187

第 1 章

绪　　论

1.1　选题背景和研究意义

1.1.1　选题背景

我国证券市场自成立那天就站在了中国改革开放的前沿，推动了资本配置方式的变革，关于我国 A 股市场的现状和发展几度成为经济热点，引起社会层面的广泛关注与讨论。党的十九大报告强调：深化金融体制改革，增强金融服务实体经济能力，提高直接融资比重，促进多层次资本市场健康发展。2018 年的中央经济工作会议也指出要打造"有韧性的资本市场"，并提到股权融资尚需大大加强，同时强调改善投资者结构和维护资本市场的稳定性的重要性。2021 年以来，中国股市进入新阶段，必须深入贯彻新的发展理念。证监会提到对于证券市场的管理要坚持"建制度、不干预、零容忍"。由于证券市场从构成上来看是多方博弈市场，在 2021 年初，美股上市公司"游戏驿站"爆发了散户与机构之间多空之争，引起股价巨幅波动。在该事件中，个人投资者通过情绪交易、羊群交易等行为，以模仿机构投资者交易规模和特征的方式，推动目标股票价格飙升，试图颠覆华尔街传统的交易秩序，该事件的始末令世界关注。由此可以看出，即使在较为成熟的资本市场中，投资者抱团、模仿、羊群等交易行为也会对市场产生巨大的影响。个人投资者的类似特征交易由于存在抛盘压力，影响标的股的流动性，最终会难以为继。个人投资者的抱团式交易力量如此瞩目，作为机构的投资者在流通股中持股比例更高，放量之后他们的行为对资本市场的影响更不可忽视。目前，我国资本市场正在进一步完善和发展过程中，作为构筑中国经济的重要板块，其规范、活力和稳定至关重要，对我国资本市场的研究工作意义深远。根据数据显示，近十年来我国A股市场的机构投资者持股比例稳步上升，截至2021年第一季度，基金、保险和外资等机构投资者持有流通股市值比例超过散户并呈持续走高态势❶。自2018年伊始，关于我国机构投资者的"抱团"投资方式与投资策略，屡次成为社会广泛关注的焦点，甚至个别投资者在决策中也需要考虑机构投资者所谓的抱团板块和抱团股。类似的交易策略并非个体机构投资者能够完成的，需要机构之间的集体或者轮动，即机构行为是存在相互链接的，呈现出社会网络特征，并伴随着同侪效应，这也引起学界、业界和监督部门的重视。目前关于投资者的行为研究种类较多，例如偏好投资行为、分类投资行为、正反馈交易行为与羊群行为等经典研究。随着研究工具的日益增多，复杂网络的出现为本研究提供了更加丰富的工具箱。本研究主要立足于行为金融学的基础理论，关注在交易信息并不对称的现实中，机构投资者有限理性的行为特征和测度，以及该行为与微观上市企业、中观证券市场和宏观调控政策之间的关系问题。

全球的资本市场的发展中的标志性事件为1868年在英国成立"海外及殖民地政府信托"，这是西方最早的证券投资基金。顾名思义，其成立的主要目的是将境内分散的过剩资本转移至海外，以投资于殖民地的公司债，获取相对较高的回报率。该契约方式是现代投资基金的雏形，由于国际市场风险较大，个人投资者能力有限，这种以国家信用为担保汇聚公众资金，并委托职业人、专业人代持经营的方式，受到了投资者的普遍欢迎。从这

---

❶ 该数据来自Wind（万得）数据库，该数据库为权威金融数据库，它提供了世界金融市场的数据、信息、研究报告等内容，具体包括股票、基金、债券、期货、外汇等微观信息品种，为需求者提供数据信息资讯服务。

个发展过程可以看出，西方证券市场的诞生和发展是具有市场需求导向的。经过近百年来的发展与历练，目前英美资本市场以共同基金、养老基金和保险资金等稳定的、相对长期的持有股份为主导，日本资本市场则以法人机构相互持有股市中的大多数股份为主。以美国的数据为例，2019年第四季度，资管机构（包括共同基金、封闭基金、ETF、对冲基金、私募基金等）占市场总投资比重约为35%，养老基金约为13.5%，其他机构合计约为6.2%。相比机构，个人投资者直接持股约为30.7%。我国资本市场的发展，符合从"散户市"走向"机构市"的一般趋势。而在证券市场发展早期，中国个人投资者是沪深两市的主要力量，换手率极高，投机气氛浓厚，股价波动较大，相关管理部门意识到建立一个以机构投资者为主体的稳定资本市场的重要性。1998年，通过政府规范基金，国有企业或者国有控股企业、上市公司等的机构资本涌入股票市场，标志着我国的证券市场进入了新的历史时期，即市场交易的主体在结构上开始从以个人投资者为主迈向以机构投资者为主。当然机构投资者的快速发展是以政府推动为主要力量的，在特殊的背景下，相关部门还提出了"超常规发展"这一政策路线，通过政策鼓励机构投资者的资本入市，具体包括证券、基金公司、信托公司及信托投资公司、保险公司等。管理者寄希望于机构投资者队伍的扩大，既可以完善证券市场的资本结构，起到市场"稳定器"的作用；又能够改善上市企业治理水平，成为股权融资的"压舱石"，最终推动市场化进程。

虽然就目前发展阶段来看，我国机构投资者的发展程度仍然不够高，但是其持股结构比例持续稳步上升，相对而言机构专业化程度高，其研判与操作对个人投资者同样具有引导、引领作用，是市场交易中的重要参与主体。但是，与全球相对成熟的资本市场相比，我国机构投资者的起步较晚，其诞生方式、投资背景和发展路径是有很大不同的，是与特殊国情和中国特色相符合的。因此西方的理论发展、具体实践和相关成果未必同样适用于我国资本市场，根据发展经验，剖析机构投资者的行为特点，分析有限理性与诸方的关系十分必要。

1.1.2 研究意义

1. 理论意义

（1）本研究对我国金融市场的微观结构理论具有探索价值。

金融市场微观结构理论产生于20世纪60年代末，并通过与诸如行为金融学、实验金融学等新兴学科相互融合，共同发展，成为现代金融学的组成部分。它以不同交易机制下证券交易机制、市场主体的行为及其策略、市场质量三部分为主要研究内容，目前该理论仍具有很大的发展空间。随着新的理论诞生和技术发展，例如在前景理论与信息不对称等行为金融学的重要理论下，重视机构投资者的内部联系，有助于群体化地研究机构投资者行为，弥补个人决策理论的不足之处；有助于通过网络聚类技术研究抱团、模仿、羊群等目前市场中普遍存在的基金类交易行为，重视内部的相互关联和影响；有助于从网络拓扑结构的角度理解机构投资者投资行为中的非理性的部分，例如私有信息传播。考虑到机构投资者群体内部的相互关联，亦有助于推动中国股市的微观结构理论的进一步发展和完善。

（2）本研究有助于丰富行为金融相关理论的研究思路。

一直以来，在金融投资决策方面的研究中存在两个重要的流派。一个是标准金融学，该理论基于有效市场假说和经济学中的效用理论，认为投资者是完全理性的，股票价格是由未来现金流量的折现价值和风险因素决定的，价格围绕价值上下波动，两者之间的偏差为一个均值是零的随机扰动项。另一个是行为金融学，在资本市场中信息并非公开对称，投资者是有限理性的，其交易过程存在各种认知与行为偏差。市场中的个人投资者和机构投资者都试图以理性判断市场并进行决策，但是生物个体而不是理性人的判断与交易会受到认知、动机、情绪等各种心理因素的影响，决策是一个复杂的过程。本书进行机构投资者的有限理性行为研究，探索不同市场风格下的集群行为，并采用了复杂网络对大数据进行测度，有助于丰富和完善有限理性行为观点；有助于通过更微观的研究将机构投资者相互关联、彼此影响的行为网络与金融市场实际问题结合。

2. 现实意义

首先，本研究基于解决上市企业现实问题的需要。在我国证券市场的特殊背景下，上市公司股权集中，机构投资占比相对较低，与西方成熟市场可以干预公司管理，实现"发声式"监督不同，我国的机构投资者往往通过"退出威胁"发挥股东作用；如果两个市场法人之间出现利益关联，则机构投资者有可能会放弃监督优势，转而与管理层就隐藏信息进行"合谋"，监督管理的股东功能弱化，从而形成内部集团，危害其他投资者权益；同时某些机构更侧重短期交易，而并非认可上市企业的价值或战略投资，如果上市公司存在潜在的下跌风险，机构依然可以选择投机交易获利退出，没有业绩支撑的企业市场价值波动往往是投资者相互博弈产生的，很可能出现定价偏离。机构投资者的投资策略和持股偏好，会影响上市企业的融资结果，部分上市公司采用差异化战略，由于信息不对称，机构很难判断战略风险，机构投资者的谨慎虽可避险但有可能错过未来潜力。对于企业创造的价值在市场中得到的投资者认可是长期的还是基于政策利好炒作的，企业自身炒作的价值创造机构从投资行为上是如何认可的等问题，需要通过以机构投资者有限理性行为为前提的关系研究来分析，这既是通过证券市场改善企业治理结构的需要，又是创造价值的企业可以通过外部融资解决发展问题的关键。

其次，本研究也基于控制证券市场风险的需要。近些年来我国股票市场一改"熊短牛长"的走势特点，进入了一个长期震荡的格局，尤其是2015—2016年多次跌幅较大，机构投资者在这一过程中扮演的角色、行为特点、交易后果等更是引起学术界的广泛关注。其中一部分学者认为机构投资者在市场中起到了积极的作用，是市场中的理性交易者；而另一部分学者则认为在震荡波动期间，我国机构投资者从规模上是向上发展的，但是市场状态并未企稳，说明机构的行为特征其实是具有复杂性的，未必是正面力量的推动者。另外，"抱团"概念频提，如果机构投资者之间出现共同持有行为并且网络化，那么私有特质信息、情绪的传播在内部很可能更加通畅。机构投资者的有限理性行为，对于乐观市场的良好预期或悲观市场的积累释放的集体决策很可能加剧了市场的不稳定性，形成模仿、羊群等同侪行为效应，该类交易后果较为严重，会加大市场波动，影响市场流通，有悖于我国目前加强相关风险的预测和监管，维护资本市场稳定，防范系统性金融风险的监管意图。

最后，本研究还基于进行制度设计，严格监督管理政策的需要。近些年中国证监会的监管口径不再是"超常规发展"，机构投资者正由量的发展转为质的发展。相关部门更加注意制度的设计与改进，增进各个交易板块的相互补充和完善，规范机构投资者违规违法行为，通过构建更加符合我国资本市场特色的投资者结构，促进和谐稳定的市场生态。2018年，国务院提出机构改革方案，将金融监管体系重构并经人大表决通过，我国形成了由原国务院金融稳定发展委员会与"一行两会"共同组成的新架构，简称"一委一行两会"❶。对于证券市场的上级监管部门中国证监会，则提出了"穿透式监管"，多项上层设计、政策口径和市场配套，都表达了政府规范资本市场的决心和力度。进一步监督、管理机构投资者有限理性行为中的非理性成分，将有利于稳定市场、保护中小投资者，抑制短期投机风气，引领长期价值投资，更好地发挥其稳定市场的良性作用；有利于监管机构改进金融治理，完善激励约束机制，推动金融与经济之间的良性循环；有利于将改革开放后社会的资本积累平安入市，发挥传导作用，助力宏观经济新布局。以上是本书研究的实际意义。

1.2 文献综述

行为金融学是金融学、行为学、心理学和社会学等学科相互交叉融合

---

❶ 一委一行两会：2018年3月全国人大第十三届一次会议通过《国务院机构改革方案》，将中国银行业监督管理委员会、中国保险监督管理委员会合并为中国银行保险监督管理委员会（以下简称中国银保监会）。调整了自2003年开始的"一行三会"金融分业监管、垂直管理的格局。由此我国金融业监管体系为：国务院金融稳定发展委员会、中国人民银行、中国证监会和中国银保监会。

的新兴学科，其主要研究内容是揭示金融市场的有限理性行为和决策规律，其中认知偏差是引起其中非理性认知的部分，也是造成投资决策的有限理性的重要原因。因此，应从机构投资者有限理性行为与上市公司、资本市场和政府调控之间关系的角度进行梳理。

1.2.1 企业决策中的机构投资者有限理性行为

该内容主要分为两个部分，一个部分是现阶段战略管理和组织理论中有这样一对观点冲突：企业战略与管理应该差异化还是整合化，该问题至今一直未有定论（Zhao et al.，2017）[1]。面对上市公司的战略管理，机构投资者作为重要的外部股东，在针对企业内部治理与决策的认知时，存在信息不对称的情况，如果企业战略存在偏差，机构投资者能否感知并避险是一个重要问题。另一个部分是机构投资者除了避险还要进行价值认可，发挥外部融资作用。作为微观个体，企业科技创新项目的资产形成过程具有高风险、周期长、收益不确定等特点，或许会导致企业在这一过程中的外源融资短缺，在企业战略与外部投资者方面具有代表性，因此有必要以上市公司科技创新作为重要标的，探讨机构投资者与微观企业之间是否存在持股偏好与情绪传染等有限理性行为。

1. 机构投资者对企业内部的战略风险解读存在信息不对称

企业战略风险偏离行业的常规水平，往往会增加融资需求，但是在信息不对称的影响下，即便是存在外部审计、分析师判断、信息披露等公开信息，但是投资者是信息劣势方，分辨对方的战略偏差是"改革创新"，还是"离经叛道"存在难度。如果企业采取行业常规性战略，那么外部的利益相关者更容易克服信息不对称，而如果企业采取的战略非常规，那么机构则很难使用行业常规标准来进行评价和决策。

---

[1] ZHAO E Y, FISHER G, LOUNSBURY M, et al. Optimal distinctiveness: broadening the interface between institutional theory and strategic management[J]. Strategic Management Journal, 2017, 38 (1): 93–113.

第一，机构投资者是企业方解决融资约束的外部路径。伊特纳等（Ittner et al.，1997）[1]、迈尔斯和斯诺（Miles and Snow，2003）认为激进的企业战略因为不断开发新产品、寻求新市场，进行更多的研发投入从而更容易由于现金流不足而陷入财务困境，因此对外部资本市场的融资需求比其他企业更高。尤其是当货币政策影响了企业战略选择，采用激进战略的企业进行研究开发和市场开发活动时，更加需要持续性的资金供应（Bates et al.，2009）[2]。张纯和吕伟（张纯和吕伟，2007）[3]认为我国企业面对融资约束现实，国内机构投资者持有上市公司股票可以缓解信息不对称，能够显著抬升民营上市公司的融资水平，同时提高负债融资能力，但是机构投资者持股本身并未直接对国有上市企业的融资约束和负债融资能力起到直接作用。甄红线和王谨乐（甄红线和王谨乐，2016）[4]认为，机构投资者对于企业融资约束的缓解作用也并不是一致的或者说线性的。随着机构持股比例的升高，该缓解作用是衰减的。另外信息不对称的分布并非均匀的，其中民营企业、中小企业和股权较为集中的企业更加明显。机构的缓解作用在融资约束程度高的上市公司治理结构中则更为显著。吴迪（吴迪，2021）研究提出机构资本是企业的外部现金流的重要来源，可以有条件地缓解企业的融资约束，尤其是在关联投资方面。企业更有可能在机构投资者重仓的金融机构中获得贷款，融资因素的缓解与机构投资者持有的金融机构和企业自身的股票比例和连续性有关。有学者认为，国字头的机构投资者可以改善外部信息环境并提高企业融资水平，规范了公司治理并且降低了企业风险，即机构是具有治理者和投资者双重代理的投资者（文雯等，2021）。有研究认为资本市场的主要作用是通过不同的机构筹集资金，证券融资是

---

[1] ITTNER C D, LARCKER D F, RAJAN M V. The choice of performance measures in annual bonus contracts[J]. The Accounting Review, 1997, 72（2）：231–255.

[2] BATES T W, KAHLE K M, STULZ R M. Why do U.S. firms hold so much more cash than they used to?[J]. Journal of Finance, 2009, 64（5）：1985–2021.

[3] 张纯, 吕伟. 机构投资者、终极产权与融资约束[J]. 管理世界, 2007（11）：119–126.

[4] 甄红线, 王谨乐. 机构投资者能够缓解融资约束吗？——基于现金价值的视角[J]. 会计研究, 2016（12）：51–57, 96.

上市企业获得长期资金的有效方式，这一过程离不开机构投资者（Algaeed，2021）。以上文献从机构投资者是企业融资解决的重要途径角度进行了经验证明。

第二，企业公开信息难以表达战略偏差的收益与风险。罗忠莲和田兆丰（罗忠莲和田兆丰，2018）研究提出，企业战略发生偏差会导致公开信息披露质量的降低，使得财务信息可比性也降低，只有通过加强审计等第三方活动才能弱化这一负面作用；同时认为投资者与管理层之间是存在代理冲突的，这是该问题的治理层面的传导路径。本特利等（Bentley et al.，2013）、王百强和伍利娜（王百强和伍利娜，2017）、朱文莉和丁洁（朱文莉和丁洁，2017）认为审计师作为外部独立的第三方服务机构，企业的战略激进程度与企业的财务违规正向相关，如果企业采用十分激进的战略，那么审计师必须面对更多的审计事项，这提高了审计的成本和费用，也使得其审计结论更谨慎；证券分析师作为投资者与上市公司之间的媒介，其研报在一定程度上代表了资本市场对上市企业的态度和看法。本纳（Benner，2010）发现分析师会关注企业的战略特征等信息，企业的技术变革会提高分析师的关注度，而他们往往更关注现有技术而非激进变革；何熙琼和尹长萍（何熙琼和尹长萍，2018）、鄢志娟和王姗（鄢志娟和王姗，2019）提到对分析师来说，如果企业采取非常规的战略发展，将提高信息不对称程度，这影响了分析师预测的准确程度，由于对企业缺乏了解，也增加了分析师的盈余预测分歧。资本市场作为企业的外部市场，其市场参与者即为企业的投资者，是上市企业战略风险的差异的利益相关者。张静和张焰朝（张静和张焰朝，2021）认为战略差异越大，企业的外部融资约束就越严重，信息的不对称性发挥中介作用，尤其在分析师关注度较低、外部审计不够权威和经济不确定程度高的企业中，该现象更为明显。胡刘芬（胡刘芬，2021）❶经过实证研究发现，企业激进的战略决策与融资问题的解决之间存在的关系，主要是由于其增加了企业的整体风险水平引起

---

❶ 胡刘芬. 企业战略对融资约束的影响及机理研究[J]. 南开经济研究，2021（1）：58–84.

的，该战略加剧了企业的代理冲突。以上文献在论述企业战略偏差与融资约束之间的关系时，多是从企业角度、企业的委托代理冲突角度、企业的公开信息披露与分析预测等第三方角度考虑的。

第三，在资本市场中，投资者之间既存在信息不对称，又存在知晓市场信息是不对称的这一心理预期，二者都会影响他们的交易行为。金和迈尔斯（Jin and Myers，2006）❶、赫顿等（Hutton et al.，2009）❷提出企业信息不对称程度越高，股价的信息含量就越低，股价同步性波动也越强。而企业管理者可能会隐匿表外负面信息，该信息的负面效应累积并释放会引发股价跌幅较大（Kothari et al.，2009）❸。企业的非常规战略如果是盈余管理和税收筹划方面的，则会由于信息不对称加剧，而使得投资者对未来盈利能力的不确定性产生怀疑，哪怕是采用了塑造形象的积极纳税战略也可能降低企业价值（Chen and Lin，2017；Park and Hee，2017）❹❺。并且对于企业管理当局，激进的创新战略占用大量现金流，同时机会主义可能以牺牲股东利益为代价，使得其离最初目标越来越远（Shaikh and O'Connor，2020）❻。孙健等（孙健等，2016）❼、佟孟华等（佟孟华等，2017）则提出战略激进的企业很可能有更高的融资需求，为了获取容易而隐藏企业的不良信息，激进战略还可能破坏企业的组织结构稳定性、协调

---

❶ JIN L，Myers S C. R2 around the world new theory and new tests[J]. Journal of Financial Economics，2006，79（2）：257–292.

❷ HUTTON A P，MARCUS A J，TEHRANIAN H. Opaque financial reports，R2，and crash risk[J]. Journal of Financial Economics，2009，94（1）：67–86.

❸ KOTHARI S P，SHU S，WYSOCKI P D. Do managers withhold bad news? [J]. Journal of Accounting Research，2009，47（1）：241–276.

❹ CHEN T，LIN C. Does information asymmetry affect corporate tax aggressiveness? [J]. Journal of Financial & Quantitative Analysis，2017，52（5）：2053–2081.

❺ PARK J I，HEE J S. The relation between corporate tax aggressiveness and future financial performance[J]. Journal of Taxation and Accounting，2017，（3）：145–182.

❻ SHAIKH I A，O'CONNOR G C. Understanding the motivations of technology managers in radical innovation decisions in the mature R&D firm context：an agency theory perspective[J]. Journal of Engineering and Technology Management，2020，55：101553.

❼ 孙健，王百强，曹丰，等. 公司战略影响盈余管理吗?[J]. 管理世界，2016，（3）：160–169.

机制复杂性，影响内部监督效率，而增加该企业的股价跌幅较大风险。隋（Suijs，2008）、劳拉等（Lara et al.，2011）认为当企业经营风险较大时，投资者对信息不对称即风险本身是明确的，因此投资者们承担风险所要求的必要报酬率就会变高，那么企业也要承担更高的权益资本成本。企业对投资方式的选择在很大程度上受财务策略的偏差的影响，激进的财务策略会对企业融资的难度和成本选择产生影响（Chauhan and Huseynov，2016）。如果投资者本身并非长期持有股票，由于投机行为的存在，即使是有积极结果的创新战略也并未增加股票流动性，这一点更加不利于民营企业（Wen et al.，2018）。刘会芹和施先旺（刘会芹和施先旺，2019）通过研究发现，机构投资者的持股决策会受到企业战略风险差异选择的影响。信息本身是不明确的，但是信息不对称是明确的，它的增加是机构投资者交易决策的主要影响因素，机构投资者本身是明确的，信息因素会影响他们的交易行为。

2. 机构投资者对企业价值创造存在非一致偏好与情绪传染

第一，对于较为典型的企业价值创造、科技创新来说，企业创新与外部股权资本，尤其是机构资本二者之间存在密切关联。企业创新往往需要外部资本。企业技术创新活动，需要面对周期和变现、风险和沉没成本、长期和稳定的资金支持等实际问题，另外开发过程中较高的调整成本，使得创新类的企业很重视现金流问题（He and Wintok，2016），因此这个问题具有典型性。上市公司的创新资本在外部资本方面主要来自股票市场，并且这种方式具有优势（Brown et al.，2009）。股权融资与债务融资相比，其优势体现在财务还本付息压力较低，可以完善公司治理结构和管理制度等。另外加尔比等（Gharbi et al.，2014）提出，企业的内部创新与外部投资者利益有关。研发高风险的特点，可能导致研发投资强度与公司股票收益波动性正相关。当然，上市公司的科技创新也可能增加个股的预期收益率，提高溢价水平从而对外部投资者有利（Hsu，2009）。周铭山等（周铭山等，2017）[1]通过创业板研究发现，创新投入高的企业，外部投资者可能会获取更高的超

---

[1] 周铭山，张倩倩，杨丹. 创业板上市公司创新投入与市场表现：基于公司内外部的视角[J]. 经济研究，2017，52（11）：135–149.

额收益,并且有利于股价稳定。而对于股票收益的观点则存在争议。虽然林(Lin,2012)使用动态平衡模型得到企业创新中的研发投资与未来股票收益之间存在共变关系,且是正面关联的,即投资者可以从上市企业创新中收益。但是科恩等(Cohen et al.,2013)通过研究认为,股票市场对企业创新相关信息反应不足,可能会忽略二者之间的互动性,并错过相关的超额回报,也就是外部投资者们对上市企业创新的市场收益性是存在钝感的。除了企业采取科技创新战略可以对投资者产生影响以外,还有一小部分研究证明机构投资者的持股同样会对企业的创新战略产生影响。杜勇和马文龙(杜勇和马文龙,2021)认为机构投资者的共同持股可以提高上市公司的创新投入,在企业战略决策中扮演了重要的治理角色。刘冬姣等(刘冬姣等,2021)则认为保险类的机构投资者持有上市公司股票可以通过企业内部控制质量,显著提高创新效率。尤其是第一大股东和企业管理当局持股比例低的企业,这一点更为明显。企业的科技创新等价值活动,与外部股权投资者,尤其是机构之间存在诸多的关联关系。

第二,机构投资者交易上市公司股票,可能基于博彩、套现等非一致性偏好,而并非价值投资。投资者持有上市公司的股票,是看到了创新活动带来的发展活力和价值潜力,这个设想固然好,但是也存在其他的理论观点。一方面在投机市场上,存在因为炒作概念或者私人特质信息,导致投资者集中进入与退出,资本价格偏离就会产生博彩异象(陈文博和陈浪南,2021;梁昱和张伟强,2017)。实证研究普遍认为该偏好在证券市场中是存在的,但是在所有投资者类型中并非一致。贝利等(Bailey et al.,2020)[1]、鲍利等(Bali et al.,2017)认为相比散户,机构投资者更稳健成熟,对概念性的偏好也会更低,受认知偏差的影响较小。总体而言,博彩偏好应该归因于个人投资者的非理性交易,而不是机构投资者。但是,通过进一步研究发现,机构投资者的决策行为也是存在博彩偏好的。奥尔德雷奇

---

[1] BAILEY W, KUMAR A, NG D. Behavioral biases of mutual fund investors[J]. Journal of Financial Economics, 2011, 102 (1): 1–27.

(Alldredge，2020)[1]认为机构投资者是存在博彩偏好的，但是对于不同类型的机构，该类偏好具有异质性。其中小规模的机构投资者的博彩偏好基本类似个人投资者的偏好。在市场情绪低落时，机构投资者会克制博彩偏好，他们往往是在散户投资前持有，并伴随市场的好转而获取套利。既然存在博彩偏好、概念偏好等行为，那么就面临套利的行为。针对中国市场的研究中，孔高文等（孔高文等，2019)[2]通过实证检验发现，基金更偏好投资于创新型公司，并在持有套现中获得更高的超额收益。同时如果从长期投资的角度看，投资创新性企业更有可能获得长期收益。朱红兵和张兵（朱红兵和张兵，2020)[3]通过研究中国股票市场发现，MAX异象广泛存在于投机特征明显、内在价值不高的股票样本中，该异象弱化了市场调节的效率并扭曲了资本定价。机构投资者并没有纠正中国股市中因为博彩偏好引起的错误定价，甚至概念股层出不穷，其根本原因与机构投资者在持有上市公司股票时本身就存在不一致偏好有直接关联（陆蓉和孙欣钰，2021；胡妍等，2021）。

第三，机构投资者的行为也具有传染与互动而非离散的特性，受情绪影响。股市中的机构投资者因共同持股而产生关联网络（罗荣华等，2021)[4]，网络内部成员之间相互关联（梁雯等，2020），关联性是投资者获取额外信息，彼此学习、模仿的重要途径，他们之间具有群体特征和行为（许林等，2020）。布拉梅尔等（Bramoulle et al.，2009）提到，该社会网络与空间计量经济学中的空间自回归模型之间存在紧密的联系。这些紧密联系的网络个体之间传递信息更加有效（Centola，2011），并且存在合作的可

---

[1] ALLDREDGE D M. Institutional trading, investor sentiment, and lottery-like stock preferences[J]. Financial Review，2020，55（4）：1-22.

[2] 孔高文，胡林峰，孔东民，王琴. 基金持股的创新偏好与基金业绩研究[J]. 管理科学学报，2019，22（12）：70-83.

[3] 朱红兵，张兵. 价值性投资还是博彩性投机？——中国A股市场的MAX异象研究[J]. 金融研究，2020（2）：167-187.

[4] 罗荣华，赵森杨，方红艳. 基金业绩分析——基于有向学习网络的研究[J]. 统计研究，2021，38（8）：30-44.

能性，尤其是形成聚类而规则的网络之后，更有利于行为的形成、传播和巩固（Centola，2010）。可以说机构投资者网络内部成员之间的信息传递和共享是机构投资者趋同行为产生的重要机制（Colla et al.，2010）。普尔等（Pool et al.，2015）的研究表明了共同持股本身就是机构投资者私下沟通的结果，并且机构投资者行为之间存在抱团行为（吴晓晖等，2019；刘新争和高闯，2021）❶❷。郭晓冬等（郭晓冬等，2020）使用中国股市的数据也证明了机构投资者网络特质的存在，并对抱团交易方式产生的负面影响做了一定分析。向诚和杨俊（向诚和杨俊，2021）❸认为基金机构投资者存在明确的博彩型偏好，该偏好特征明显的机构投资者缺乏价值选股的能力，在其他类股票的投资中也表现得比较差，并且受到普遍投资者情绪的影响。当普遍乐观的时候，该偏好表现则更明显。王健等（王健等，2019）认为机构投资者的情绪传染会影响到股票收益，并且引发"愚钱效应"❹，如果将情绪传染分为乐观情绪和悲观情绪两类，就会发现二者对于收益具有非对称性，其中影响更显著的是乐观情绪的传染。陆静和周媛（陆静和周媛，2018）通过构造情绪指数，研究发现机构投资者和个人投资者的情绪都会对交叉上市股票的资本定价产生影响，但是机构投资者的影响更大。

1.2.2 资本市场中的机构投资者有限理性行为

诸多文献研究认为，机构投资者具有信息收集和处理优势、专业的理论背景和技术操作、更低的交易成本、持股比例更高的股东优势，对资本

---

❶ 吴晓晖，郭晓冬，乔政. 机构投资者抱团与股价崩盘风险[J]. 中国工业经济，2019（2）：117—135.

❷ 刘新争，高闯. 机构投资者抱团、外部治理环境与公司信息透明度[J]. 中南财经政法大学学报，2021（3）：26—35.

❸ 向诚，杨俊. 谁在市场中赌博？基金博彩行为研究[J]. 中国管理科学，2021，29（11）：224—236.

❹ 机构的基金投资中存在一个争论："愚钱效应"（Dumb Money Effect）和"智钱效应"（Smart Money Effect）。"愚钱效应"即基金投资中，投资者的投资无法获得未来超额回报，投资者是不具有基金选择能力的；而"智钱效应"的观点与之相反。

市场能够起到稳定作用（肖鹏，2021）。但是学界的意见并不统一，甚至是针锋相对的。也有人将这种知情与模仿、羊群噪声交易等相联系，认为机构由于持股量较大，其某些行为可能是股市诸多事件的原因。由于机构投资者对私有信息和特质风险的把握，以及其作为投资者的有限理性行为，针对其对资本市场的负面效应的研究越来越受到重视。

1. 机构投资者私有信息影响市场

第一，机构投资者与个人投资者不同，多数为知情交易群体（何青和周艺丹，2020），具备了信息获取和运用优势。查克拉瓦蒂（Chakravarty，2001）认为，机构往往进行中等规模的交易投资，该行为与累积股价变化有关，原因在于机构是信息的知情者。布希和古德曼（Bushee and Goodman，2007）针对机构的私人信息的掌握进行了研究，发现机构的重仓持股变化与私有信息下的交易量之间关系密切，当然这是相比其他投资者而言的，机构投资决策过程中的这种信息积累会随着时间的推移而更加明显。阿里等（Ali et al.，2008）认为机构对于私人信息的开发动力是存在异质性的，其中具有相当仓位的机构会主动地开发私人信息并进行交易，在盈利公告方面他们的信息灵通。金斯利和格雷厄姆（Kingsley and Graham，2007）认为不同的投资者由于掌握的私人信息不同，处理新信息的能力就不同，所以面对公开信息匮乏的情况时，敏感程度也不同。外国投资者或者部分机构投资者拥有的信息优势，直接投资者往往并不具备。罗荣华等（罗荣华等，2020）认为机构管理者的共享信息与社会网络有关，基金机构的业绩直接与私有信息的利用程度有关，信息使用程度较低的机构，其基金产品的业绩水平显著好于信息使用程度高的机构，私有信息的使用程度与管理人的特征、能力有关。阿克巴等（Akbas et al.，2021）、金等（Kim et al.，2017）指出该行为策略和信息认知的异象，源于噪声交易者与套利者之争。由于机构投资者的市场地位占优，相比其他交易者，他们的情绪对股票均衡施加了更大的影响。在私人信息方面，举一个例子，私人会议是一种典型的投资者私人信息传播形式。该类会议的门槛使得机构之外的投资者很难知晓这部分信息的内容，很可能加剧了投资者之间的信息不对称。布希等（Bushee et al.，2018）研究发现，投资者的私人会议与股票异常及机构所有权的变化存在关联。尤其是涉及信息更复杂的私人会议的公司，交易收益为正。参与的投资者获得了比未参与的投资者更明显的信息优势。而参与者往往是投资者中占据优势地位的那部分。与散户相比，机构的信息获取与业绩的关系更加紧密。不仅如此，实地调研等（田高良等，2021）信息获取方式也排除了大多数个人投资者。可以这么说，复杂的成熟机构在持有策略中，信息优势是一个领先指标（Drake et al.，2020）。这也说明了信息优势对于机构投资者而言是客观存在的。罗荣华和田正磊还在文章中提到，机构在分享私人信息的时候就考虑到同业竞争的问题。如果投资风格是相似的，那么机构投资者的基金产品网络内部的私有信息共享无法提高产品的未来业绩，内部的竞争使得信息融入股价的效率受到了影响，竞争关系越明显，信息环境就越差。虽然研究侧重不同，但是机构投资者的信息优势和私下传递是以上文献的普遍共识。

第二，机构投资者的私有信息优势的影响溢出，同时网络系统是一种重要的研究工具。弗洛特等（Froot et al.，1992）研究发现，在信息处理技术及对冲策略上，机构投资者本身具有同质性，除了对相同信息进行集群，关注的市场信息经常具有一致性；并且希望在决策过程中能够通过其他知情交易者来获取更多私人信息；可能会存在多种社区均衡，"群居"的投机者在搜集信息的时候可能会研究与基本市场面根本没有关系的信息。张小成和邓杨（张小成和邓杨，2019）还认为，私人信息导致的机构行为影响了公开市场中的资本定价。与之相对，个人投资者的私有信息是很难产生市场影响的。叶勇和王思瑞（叶勇和王思瑞，2021）则研究了机构投资者私人信息获取的重要方式——调研。个人投资者难以通过实地调研了解企业，但是参与调研的机构投资者的数量和调研次数，均会抬高企业的股票的错误资本定价，很可能与机构投资者的异质信念[1]起到了中介作用。比

---

[1] 异质信念：是指不同的投资者在相同的持有期间，对相同股票标的的收益和风险分布有不同的判断，又称为意见分歧。该概念是针对传统金融学中"同质预期"提出来的，是针对有效市场假说认为理性投资者具有同质预期，行为金融学与心理投资学提出的对应的理论概念。

克昌丹尼和夏尔马（Bikhchandani and Sharma，2001）研究认为，伪羊群效应也存在于机构投资者行为中，尤其是在信息不对称（张原野和白彩全，2019）的环境中，因为信息收集成本上升、套利效应减弱，机构同样会跟随其他的投资者进行非理性的买卖。只有在套利效应强的时候，机构投资者搜索挖掘信息的动力才高涨，因此伪羊群效应是机构与机构之间群体进行合谋、平衡后的结果，它加速了股价中包含的信息因素的更迭，提高了信息融入资产价格的效率，使边际收益最大化。黄诒蓉和白羽轩（黄诒蓉和白羽轩，2021）通过网络认为，机构投资者对于基金产品持股具有稳定的相似性网络结构，彼此之间存在很强的模仿关系，这种网络传染现象对市场产生影响，降低了资本定价的效率。刘京军和苏楚林（刘京军和苏楚林，2016）[1]同样运用网络系统和空间计量方法研究了机构这一群体，结果表明基金产品的资金流量会发生明显的溢出，它与产品的超额收益率之间具有正面影响，可以带来市场业绩增长。并且网络系统这一结构特点促使机构行为更加一致，加强了机构之间的羊群、模仿等行为方式。陈新春等（陈新春等，2017）[2]也从网络分析的角度量化分析了机构投资者私人信息共享很可能是"黑天鹅"事件的重要导火索。以上文献中所提到的网络系统、社会网络等研究工具，在研究投资者行为中具有一定的优势。传统的实证分析的数据基于机构投资者持股比例，很可能缺乏对机构投资者所形成的网络系统和社区属性的分析，每一个投资者个体都嵌于该网络中，持股关联、消息影响、行为传染。其中，基金机构可以通过网络系统传播信息，进行交流并获取信息优势，该信息优势支撑了他们的投资策略，社会网络可能会导致信息流向资产价格（Cohen et al.，2008）。机构投资者网络不仅是其传播私人信息的主要渠道，还是机构之间制定投资策略、选择交易行为的信息依据，这些因素最终将对交易量、股价波动、资产定价和

---

[1] 刘京军，苏楚林. 传染的资金：基于网络结构的基金资金流量及业绩影响研究[J]. 管理世界，2016（1）：54–65.

[2] 陈新春，刘阳，罗荣华. 机构投资者信息共享会引来黑天鹅吗？——基金信息网络与极端市场风险[J]. 金融研究，2017（7）：140–155.

盈利性等产生影响（Ozsoylev and Walden，2011）❶。

2. 机构投资者行为策略影响市场

机构投资者持股比例较高，其羊群、模仿等行为在金融行为学中，被认为是金融市场不稳定性和脆弱性的重要影响因素。而中国金融市场中的"抱团"，指的就是同进同出的羊群行为在个股或者板块中的市场表现，是机构投资者的该类行为在中国市场及阶段环境中的具体表现。

第一，机构投资者在市场稳定性方面存在积极观点。朗等（Long et al.，1990）提出相比个人投资者，机构可能会更理性，很少受到市场情绪的影响，噪声交易更少。拉克尼希克等（Lakonishok et al.，1992）研究发现，机构投资者的羊群行为并不一定增加市场波动。更加激进的研究者则认为机构投资者的行为起到了正面影响。赫希雷弗和泰奥（Hirshleifer and Teoh，2003）也认同机构投资者有利于股市的稳定这一观点。博尔和布尔佐夫斯基（Bohl and Brzeszczzynski，2014）发现机构投资者持股比例上升与股票收益和市场的波动性之间存在关联。曹和彼得拉塞克（Cao and Petrasek，2014）研究发现，在美国的资本市场中，机构投资者持股可以降低风险，尤其是对冲基金所持有的股票表现得更为敏感。阿吉纳等（Ajina et al.，2015）❷对法国股市进行了研究，提出机构投资者持有股票，尤其是养老基金类股票对股市的流动性会产生积极影响。具体到我国市场，有学者认为只有保险和境外机构起到稳定市场的作用，证券基金的结论则完全相反（丁乙，2021）。茹华杰和吴承尧（茹华杰和吴承尧，2018）❸认为只有市场本身稳定，机构投资者的交易才能稳定市场。李诗瑶（李诗瑶，2017）认为只有当个股本身波动率较高时，机构投资者才能对价格波动起正面作用。高昊宇等（高

---

❶ OZSOYLEV H N, WALDEN J. Asset pricing in large information networks[J]. Journal of Economic Theory, 2011, 146（4）：2252–2280.

❷ AJINA A, LAKHAL F, SOUGNÉ D. Institutional investors, information asymmetry and stock market liquidity in France[J]. International Journal of Managerial Finance, 2015, 11（1）：44–59.

❸ 茹华杰, 吴承尧. 机构投资者投资频率与市场稳定[J]. 管理科学, 2018, 31（3）：140–148.

昊宇等，2017）❶则认为在信息公开度高的条件下，机构投资者对于暴涨暴跌的作用才是显著的。

第二，机构投资者在市场稳定性方面存在负面影响。结论并非一致的，甚至有可能是相反的，大量文献认为在降低股市的波动性从而稳定市场方面，机构的力量很有限，甚至是相反的。有发现认为羊群、模仿等行为会导致机构群体性地涌入或者抛售相同的股票，引起持股标的市场价格集中地或者是过度地涨跌，从而加剧了市场的波动（杨棉之等，2020），与个人投资者无异的具有羊群效应的交易倾向（何瑛和马珂，2020），由于行业内部更加了解彼此，它们可能不再进行信息挖掘，而是直接从其他机构的决策结果中获取相关信息作为自身的决策参考（孙怡龙和凌鸿程，2019）。具体原因可能是多方面的。沙尔夫斯坦和斯坦（Scharfstein and Stein，1990）以委托代理为理论依据，提出了声誉羊群行为这一概念，即基金经理或者分析师等参与者基于维护自身声誉或者是"搭便车"而产生从众行为。理查德（Richard，1996）认为机构投资者存在非理性行为，并增加了股市的波动性，会减弱市场的稳定性。机构投资者持股水平与市场中的回报波动存在关联。如果不是机构投资者追逐风险带来的溢价，那么就是机构投资者持股会增加市场波动。西亚斯和提德曼（Sias and Ttman，2006）研究发现在市场环境中，复杂的信息结构可能导致羊群行为，而足够复杂的信息结构会吹大价格泡沫。潘等（Poon et al.，2013）❷谈到在2008年的全球金融风暴环境下，机构投资者们的策略中所表现出的羊群行为给市场带来了套利价差及流动性风险。并且，在该环境中机构投资者很可能因为利益冲突而集中投票对抗个人投资者利益（Kong，2013）❸。马斯切特等（Musciotto

---

❶ 高昊宇，杨晓光，叶彦艺. 机构投资者对暴涨暴跌的抑制作用：基于中国市场的实证[J]. 金融研究，2017（02）：163–178.

❷ POON S H, ROCKINGER M, STATHOPOULOS K. Market liquidity and institutional trading during the 2007–8 financial crisis[J]. International Review of Financial Analysis，2013，30（12）：86–97.

❸ KONG D M. Does corporate social responsibility affect the participation of minority shareholders in corporate governance? [J]. Journal of Business Economics and Management，2013，14（1）：S168–S187.

et al.，2018）❶通过投资者网络的时间演化验证了市场中确实存在投资者集群，并且以交易的相似性为特征。具体到我国市场，范和付（Fan and Fu，2020）❷研究认为，机构投资者扮演了负面角色。机构持股会使企业坏消息的销售压力更大，并加剧后续的一系列的较大跌幅反应。机构投资者的决策过程中，群体之间的行业竞争强化了卖出压力。机构交易同样存在有限理性行为❸。张文远等（张文远等，2017）提到投资者行为对市场波动产生影响是存在异质性特征的，其中机构投资者行为的影响最大，特别是情绪高涨时的影响更加明显。许年行等（许年行等，2013）❹、孙翔宇和孙谦（孙翔宇和孙谦，2019）的研究结论都表明，机构投资者之间的模仿、羊群等行为，加剧了市场波动，使得股价同步性更加严重，带来了系统性较大跌幅的风险，从而得到机构投资者在市场中扮演了较大跌幅的"加速器"而非监管者所希望的市场"稳定器"的结论。

1.2.3　政策监管下的机构投资者有限理性行为

1. 政府力量主导证券市场发展方向与市场主体结构的调整

中国的多层次资本市场体系的构建与发展是以中国共产党与政府为主导，根据中国的实际，与广大人民共同实践的结果（方鸣和谢敏，2021）。金融机构投资者的经营危机容易蔓延至个人投资者，进而影响整个金融系统，是必须进行政府监督与管理的原因之一，西方市场也是如此（Tirole，1986）。金融监管的思想强调了金融系统安全需要政府发挥作用，主张政府进行风险水平监管（汪红梅，2015）。其中证券市场作为宏观经济的"晴雨

---

❶ MUSCIOTTO F，MAROTTA L，PIILO J，et al. Long-term ecology of investors in a financial market[J]. Palgrave Communications，2018，4（1）：92.

❷ FAN Y Q，FU H. Institutional investors，selling pressure and crash risk：Evidence from China[J]. Emerging Markets Review，2020，42：100670.

❸ 张文远，孟楠丁，张天培. 我国机构投资对股票市场波动影响研究——基于投资者情绪视角[J]. 北京工业大学学报（社会科学版），2017，17（1）：60-66.

❹ 许年行，于上尧，伊志宏. 机构投资者羊群行为与股价崩盘风险[J]. 管理世界，2013，（7）：31-43.

表"，可能面临投资功能丧失、市场调节失灵的情况，依靠政府政策可以进行纠正和修复（王健，2010）。中国施行金融业分业监管后，对于金融市场之一的证券市场的监督和管理更加专业化和规范化，但是过度创新也可能使得监管出现失效或者面临新的问题，因此也在不断地进行调整（何靖和邓可斌，2019）。陈致远和唐振鹏（陈致远和唐振鹏，2020）认为证监会对股票市场的政策措施具有重大影响，对资本市场的健康发展具有重要启示。具体到市场参与者结构中和机构投资者的监管方面，陈富永（陈富永，2021）认为政府经济政策的不确定性对市场参与者产生影响的过程中，机构投资者是重要媒介。马永强和张志远（马永强和张志远，2021）❶认为随着资本市场的开放与发展，政府通过政策引入外方机构投资者，调整市场参与者机构也具有重要意义。刘贝贝和赵磊（刘贝贝和赵磊，2021）通过合格境外机构投资者引入的经验数据，得到关于调整投资者结构，丰富机构投资者层次可以提高证券市场运行效率的结论。高庆波（高庆波，2020）认为养老保险统一受托，作为机构投资者中的基金入市的投资模式，有利于宏观经济，但是尚存制度约束，需要政府部门继续提高统筹层次，明确制度安排，消除该类机构投资的制度约束。张馨羽和蒋岳祥（张馨羽和蒋岳祥，2020）通过对国际经验的总结，也认同以上观点，并提到了需要推出法律环境层面的信托规则。对于机构投资者中的私募基金，吴笑晗和周媛（吴笑晗和周媛，2019）则认为发展速度较快，虽然具有一定的市场作用，但是目前存在过多过滥、管理不到位等诸多问题，需要监管部分明确主体责任，发挥主导作用，创新监管制度，进行过程性的监督管理。可见，我国机构投资者的结构布局、层次调整和监督管理都需要以政府力量为主导。

2. 政府规则抑制机构投资者行为中的非理性部分

近些年来，由于因果模型的发展与应用，以政府和相关部门的政策部署为准自然实验，研究政府行为与机构投资者行为的情况较为普遍。例如

---

❶ 马永强，张志远. 资本市场开放与过度负债企业去杠杆：来自"沪深港通"的经验证据[J]. 世界经济研究，2021（10）：55–68，135.

冯金余和周亚虹（冯金余和周亚虹，2017）以放松基金发行管制为政策冲击，研究发现基金机构投资者能够有效利用个人投资者的有限理性，并开发更多的差异化的基金产品符合不同预期或需求。周冬华等（周冬华等，2018）以沪港通的开通为政策冲击，研究认为引入境外投资者可以完善信息环境和财务披露质量。2018年，全国人民代表大会通过将全国社会保障基金理事会调整为财政部直管，社保基金作为独立的机构投资者，以其持股作为政策冲击进行双重差分检验，可以起到股东治理的作用（李春涛等，2018）❶。面对机构投资者中私募基金的现状，裴亚洲（裴亚洲，2020）强调了其构成必须是"合格投资者制度"，只有通过完善立法，进行制度设计，补充监管力量，实施更加趋严的审批和牌照管理，才能抑制私募基金机构投资者无序发展和非理性操作频频引发的市场"暴雷"事件。随着我国市场进入震荡期，针对机构投资者的基金和资管计划，相关管理部门提出了"穿透式监管"的要求，引起了学术界的关注，也反映了问题的严重性。郭艳芳（郭艳芳，2018）认为对于它是一种监管的原则还是监管的方法尚未达成一致，但是更倾向于是监管的原则，尤其是对私募机构投资者具有必要性，需要相关部门进一步确定统一监管标准的法律形式、具体细则和适用环节等。钟宁桦等（钟宁桦等，2021）将融资融券作为政策冲击，实证发现该政策可以提高机构投资者投资积极性，缓解市场系统中存在的信息不对称。薛有志和马程程（薛有志和马程程，2019）❷则使用同样的方法，得到卖空机制的引入对机构投资者偏好及交易频率产生了影响，稳定了股市中的重要参与者，并不会加剧投资者的情绪蔓延的结论。当分区间进行研究的时候（黄虹等，2016）❸，该政策的实施缓解了机构投资者因为缺乏卖空工具而导致的错误定价现象，但是对于价格骑乘泡沫这一非

---

❶ 李春涛，薛原，惠丽丽. 社保基金持股与企业盈余质量：A股上市公司的证据[J]. 金融研究，2018（7）：124-142.

❷ 薛有志，马程程. 放松卖空管制与机构投资者持股偏好[J]. 预测，2019，38（1）：60-66.

❸ 黄虹，张恩焕，孙红梅，刘江会. 融资融券会加大投资者情绪对股指波动的影响吗?[J]. 中国软科学，2016（3）：151-161.

理性行为是无效的，甚至加剧了机构投资者对资产定价的偏离程度（方毅和牛慧，2021），并且放大了投资者情绪（储小俊和曹杰，2018），可见在这一部分的政策研究中，相关结论是存在矛盾的。

1.2.4 文献述评与启示

通过上文的梳理总结，可以看出关于机构投资者有限理性行为，国内外学者进行了丰富的探索，获取了丰硕的研究成果和结论。研究基础涉及多个理论基础、多个实证角度、多个学科领域。具体内容涉及机构与企业、机构与市场、机构与政府，从微观上的企业传导机制，到中观上的市场反馈效应，到政府部门调控与监管反映到机构的具体表现。学术界对机构投资者有限理性的研究大多是对已有经典理论的经验证据，丰富的现有文献为本书的研究提高了研究的基础。但是目前针对本书的研究内容，仍存以下四个方面的空白或不足。

（1）从机构投资者有限理性行为与上市企业关系来看，机构投资者是其纾困融资约束的重要外部路径，但是企业公开信息对自身战略收益与风险的表达是不充分的，投资者对这种信息的不对称也存在心理预期。该类文献比较丰富，但是目前缺乏在有限理性行为理论下的对机构投资者与上市公司战略二者之间的关系研究。具体包括：机构投资者对企业战略偏差等风险的认知，对企业价值创造存在非一致偏好与情绪传染。

（2）从机构投资者有限理性行为与资本市场来看，对于机构投资者能否理性认知交易信息并进行处理，准确解读市场和上市公司的"信息隐藏"，从而支持决策过程的问题，以及机构投资者有限理性行为后果问题，本书在是与否的两个方向都找到了相关研究文献支撑；同时要注意，具体到我国的相关研究中，机构投资者对市场起到的积极作用往往都是有条件的，是存在异质性的。总结来说，对于机构投资者能够在理性决策下起到市场"稳定器"的作用这一问题，国内外学者的观点针锋相对，相关研究因为不同视角、不同发展时间段、不同技术模型而存在结论上的分歧。

（3）从机构投资者有限理性行为与政策监管监督层面来看，中国特色社会主义建设进入新时代，在资本市场上同样可以发挥市场调节机制。同时，对于政府有能力主导证券市场发展方向与市场主体结构的调整这一点，从相关文献梳理中可知，在理论和实践中并无争议。但是面对具体的监督监管措施，例如融资融券等有关市场机制调节的政策冲击问题上，相关研究结论存在分歧，需要进一步验证政府调控和监督管理能否抑制机构投资者有限理性中的非理性成分。

（4）从机构投资者有限理性行为的具体研究方法中，能够发现近些年来使用网络系统工具来进行研究问题的文献越来越多，网络系统的建立可以将机构投资者之间的相互关系纳入一个整体，考虑机构与机构之间的相互影响和关联。机构投资者集体性的对企业的认定和持有过程往往是企业资本价格的形成过程；机构投资者集体性的持股决策和信息传播往往对证券市场稳定性产生可观察的影响，这都不是一个机构投资者的行为和决策可以决定的，往往是机构整体的或集中的行为。现有文献中对于运用网络系统对机构投资者进行多方面测度尚存不足。

1.3　研究目标、方法与研究路线

1.3.1　研究目标

本书主要研究目标为：①梳理投资者行为理论，从前景理论和信息不对称理论出发进行整理分析，为机构投资者有限理性的研究提供相关理论依据。②进行针对性的整体分析，通过机制分析、现状分析和网络分析，为机构投资者有限理性行为的研究提供研究视角和机理支撑。③分视角进行实证分析，将研究整体分成机构投资者有限理性行为与企业、市场和政府三部分关系研究，运用经验数据，为研究结论提供实证支持。④根据研究结果，提出机构启示、政策建议和研究展望。

1.3.2 研究方法

鉴于所研究的机构投资者行为的复杂性和关联性，本书尝试综合运用行为经济学、行为金融学、信息经济学和统计物理学等多学科知识，涉及前景理论、信息不对称理论、复杂网络技术、社区发现技术等，在研究方法方面力求能够定性分析与定量分析相互补充、理论推导和实证检验相结合、横向结构比较与纵向发展比较相互配合，并采用文献研究法、案例分析法、网络分析法、计量模型法等方法。

（1）文献研究法。通过对国内外的文献进行总结与评述，提炼出有限理性行为中的研究热点和争议点作为研究基础，结合我国实际，寻找研究机制的理论基础和深入研究的空间。

（2）案例分析法。本书在探讨机构投资者与企业治理的相关研究中，涉及企业价值识别时，采用了企业科技创新为例，进行了门限回归，证明了企业存在非一致性偏好和情绪效应；涉及政策监管下的机构投资者时，选择了机构投资者的同侪行为这一典型行为进行举例分析；在相关部门制度设计与动态监管中，选择了融资融券政策和动态标的扩容调整为例。以上举例均具备典型性及代表性。

（3）复杂网络构建与测度（网络分析法）。由于机构投资者如同一个社会网络，具有广泛的关联性，作为大额资本，机构投资者的集体持股或不持股的过程往往是股票在市场中资本定价的过程，因此本书建立了以流通股重仓股票为链接的复杂网络，研究持股机构网络化模型，并使用遍历、聚类和香农熵算法，充分考虑到机构与机构之间的持股、行为、信息传播同处于一个社会网络中，具有联系性。

（4）比较分析方法。针对以下问题：在进行机构投资者与企业的研究中，机构投资者是否认可企业战略在不同战略领域、不同企业性质、不同市场风格中有所不同；在进行机构投资者与市场的研究中，机构投资者的持股行为和私有信息传播二者具有发展阶段上的不对称性和不同市场状态下的异质性；在进行机构投资者与政策的研究中，机构投资者不同的持股动机在受到政策效应的冲击时所产生的抑制性是不同的，本书通过分组比对进行实证回归，对机构投资者有限理性行为进行异质性的讨论，既注重比较分析，又提炼归纳一般规律，比较与综合互为补充，共同支撑，避免结论的形而上。

（5）计量模型法。本书根据不同问题采用不同的实证分析方法。在研究机构投资者与企业问题时采用了面板回归和二次项回归、调节效应、门限回归、中介效应回归的方法，在研究机构投资者和市场问题时采用了时变参数向量自回归模型，在研究机构投资者与政策监管的问题时采用了多期双重差分的政策效应因果模型和倾向值匹配检验。不同的统计方法具有不同的特点，适合不同的问题研究。经济问题错综复杂，需要交叉或综合运用各种统计方法，例如本书在研究机构投资者与企业科技创新的偏好时，发现创新投入与产出的函数不一致，在考虑了创新投入约为未来的创新产出后加入滞后算子，发现二者的函数形态一致，呈现复杂函数特征，因此需要进一步讨论；在引入情绪中介变量的时候，发现机构投资者的持股行为很可能受到了情绪波动的影响。

1.3.3 研究路线

本书以"前景理论"和"信息不对称理论"为基础，分析机构投资者有限理性行为，梳理了相关文献，分析了其在企业层面、市场层面和政策层面的传导机制，实证结果表明，机构投资者的有限理性的行为与上述三个方面之间存在关联，对机构投资者有限理性的行为研究和认识，是探索解决融资约束、稳定市场和优化监管政策的重要途径。具体技术路线如图1-1所示。

第1章 绪 论

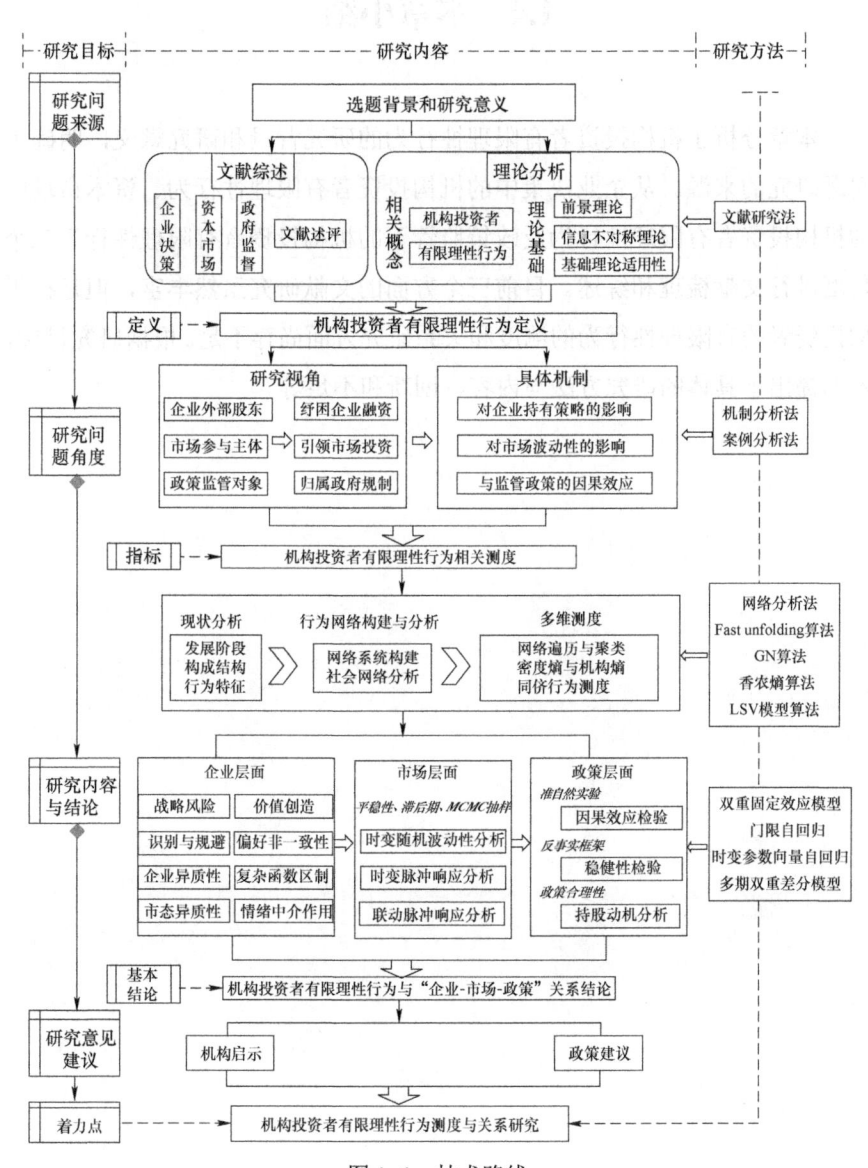

图 1-1 技术路线

1.4　本章小结

本章分析了机构投资者有限理性行为的研究背景和研究意义，明确了问题研究的来源。从企业决策中的机构投资者有限理性行为、资本市场中的机构投资者有限理性行为及政策监管下的机构投资者有限理性行为三个角度进行文献梳理和综述。目前三个方面的文献研究虽然丰富，但是在机构投资者的有限理性行为的测度和关系研究方面尚存不足。根据研究目标，本书提出了具体的研究方法与内容、创新和不足等。

第 2 章

理论梳理与机制分析

本章介绍了机构投资者、有限理性行为两个重要概念，并对前景理论、信息不对称理论两个基本理论的产生和发展进行梳理，讨论了理论的适用性，并在理论分析的基础上概括了机构投资者有限理性行为的定义与特征。结合机构投资者的主体身份，确定了从企业层面、市场层面和政策层面三个方面进行关系研究，针对研究对象进行机制分析，明确了各章节需要展开的重点问题。

2.1 相关概念

2.1.1 机构投资者

机构投资者，指使用自有资金，或者将社会分散资金集中起来，职业从事证券投资等活动的法人机构。它是证券市场发展到一定阶段，金融信托业高度专业化，社会分工日趋细分化的产物。广义上讲，我国股票市场中的投资群体可以分为机构投资者及个人投资者。机构投资者依据背景属性的不同，大体划分为企业法人、金融机构、政府或者相关团体机构、合格境外机构投资者等。其中法人表现为法人持股，他们属于产业资本，在股票市场中既是资金的需求方，又是资本的提供方。他们的持股目的除了资本增值外，更重要的是参与企业的管理，因此他们往往是长期投资，持股比例较高。金融机构，则是以从事金融投融资有关的中介机构，是我国金融体系的重要组成部分。狭义的机构投资者指的是企业法人之外的部分，具体到我国市场为公募基金、银行、券商、券商集合理财、保险公司、陆股通、信托公司、阳光私募、财务公司、社保基金、监管资本、QFII等。狭义来看，中国机构投资者是持有证券自营业务资质，符合国家相关法律法规的投资管理基金等法人组织。本书的研究对象，尤其是在企业治理结构中，其基础为外部股东对上市公司在信息不对称下的持股，因此不包含法人持股。

与之相对的个人投资者，他们是以自然人身份进行证券交易的个人，也就是我们生活中所说的股民、散户。一般而言，个人投资者在持股比例、资金来源、投资策略、信息获取、操作风格等诸多方面与机构投资者有很大区别，二者共同构成了证券市场持股的参与主体。

2.1.2 有限理性行为

赫伯特·亚历山大·西蒙（Herbert Alexander Simon）提出了有限理性概念与观点，简称 BR 理论❶。有限理性具体指有介于绝对理性及非理性间的受限状态。有限理性思想的提出源于 1947 年西蒙（Simon，1947）的博士论文同名出版的《管理行为》[1]一书，该书对有限理性展开了深入的研究，使得在理性人假说占据正统地位的年代，有限理性学说开始有了系统化的论述。书中论述了从人类复杂性角度出发的，作为生物个体本身，现实选择中所面临的条件限制：例如个体知识不完备决定了对所处环境的片面了解，因此获取到的信息并不完整；真实的体验很可能是难以预期，未

---

❶ BR 理论：Bounded Rationality。该概念是由西蒙最早提出，与之相对的是 1944 年诺依曼和摩根斯坦恩在期望效应理论中提出假设决策者是理性的，那么他们在不确定情况中会按照计算的最大期望效应值来选择决策方案，该理性被称为经济人的"完全理性"。完全理性假说，是微观经济学的重要理论，该类决策也被称为规范决策理论。

来具有不可测性；人的认知水平有限，人的行为的可行范围亦有限；个体行为容易受记忆、习惯等心理因素影响。实现有限理性的决策过程中，完全理性被有限理性取代，充分竞争市场被不确定性环境取代，完备的信息和知识被不完备的信息和知识取代，完全理性中的"经济人"被有限理性中的"管理人"，或者说"行政人"取代。

西蒙（Simon，1955）在1955年发表了重要论文[2]，指出新古典经济学中假定"经济人"面临的问题。该文再次对有限理性的概念内涵进行了阐述，描述了基于现实的决策者追求满意解的决策过程，是一个更接近于生物体行为复杂性的实际决定过程。西蒙认为，经济人拥有有序偏好、完备的信息及精确的计算力，可以最大化自己的期望效用的理性，是一种实质的理性；而注重环境不确定性、信息不充分及变化、自身限制并能够充分发挥认知理性的行为，是过程的理性。过程的理性本质上把偏好一致性视为预设前提及环境客观下的逻辑推断，将效用最大化视为实质理性绕过外界不确定，并用意念所谓"最优"来取代实在满意解的公理化假设。同时西蒙认为偏好一致性没有可行的计算工作量的过程来得到，并且不符合序贯设计中的贝叶斯定律，也找不到可行的计算工作量的过程来进行求解。而有限理性行为本身是兼权熟计的结果，决策者一般是在不确定性环境下搜集并处理多重信息，从而针对问题求解的。1978年，他因为对经济问题中的决策问题的研究具有开创性而荣膺诺贝尔经济学奖。1982年西蒙受邀参加斯坦福大学的学术演讲，该次演讲的主题为人类活动中的理性。经历了半个世纪的发展，很多著名学者分别从经济学、心理学和行为学等角度对有限理性开展了各种研究，该演讲包含了三部分内容，即对理性的看法、理性与目的、社会事务中的理性活动。

很重要的是，西蒙在本次演讲中将有限理性概念从个人迁延至社会范围，有限理性的讨论范围开始从个人发展到集体。也就是说除了认知能力和知识有限的个体人，某些集体甚至是社会整体，也应面对有限理性。西蒙提出了三点：（1）在约束注意力、给定时间的条件下，集体只能关注有限的数量；（2）集体中的个体持有不同或者多重价值观；（3）某个集体同样会面对不可预测、不确定的外部环境。总之，西蒙认为，人类理性的有限性的认知可以提高更符合现实的机制设计，从而更有效率。随着西蒙的获奖和知名专家学者的广泛努力，有限理性行为也成为现代经济学、管理学中的重要概念。

1997年西蒙（Simon，1997）的代表作《管理行为》第四版发行，西蒙针对有限理性的重要性对各章进行了评论。他指出，随着博弈论和贝叶斯决策理论的发展，经济人假设又取得了发展，但是经典理论中依然缺少诸多因素。例如在现实决策环境中，人类注意力约束使得任务需要进行排序，需要议程与修订过程；问题和场景的重现是经典的经济学理论难以解决的；在备选方案的选择方面，理性人决策的前提是具备完整的、有次序性的备选方案，这种备选项在现实环境中并不存在。另外西蒙还对当时人们普遍认可的人类的左脑右脑分工不同的相关理论提出了批驳。他提到现有的科学研究没有确证左脑和右脑在不同分工下可以独立解决问题，而且关于人类大脑分工理论的讨论并不能解决人是如何凭借直觉进行判断这一问题。对于有限理性行为，应该将更多关注放在人是能够依靠直觉模型进行工作的相关研究上。西蒙认为，随着社会的变化和科技的发展，《管理行为》一书中的观点和论述并没有被动摇，反而为有限理性行为提供了更多的现实素材。自西蒙的理论提出以来，众多从事有限理性行为研究的学者的努力与成果，使得这一观点的相关研究越来越丰富，尤其是在组织与管理研究中。环境的不确定、信息的不完全及人类自身局限，使有限理性行为构成了效用最大化的可行替代理论。其中西蒙的集体有限理性的观点，是分析和重建某个集体或者团体的结构与组织，对其进行有限理性的行为研究的基本理论。

2.2 理论基础

2.2.1 前景理论

1. 前景理论的形成

20 世纪 40 年代，期望效用理论是理性决策理论的主流理论，"经济人"假设也是经典经济学的重要内容。期望效用理论（Expected Utility Theory）简称 EU 理论，它以完全理性为条件，针对不确定性决策提出了一系列分析范式。该理论认为投资者是厌恶风险的，决策者更愿意接受确定的收益（x），而非任何预期收益为 x 的风险性期望。也就是说，效用函数是凹函数，如图 2-1 所示。但运用它很难有效解释人类的决策行为，尤其对于解释与本书有关的金融市场中投资者的选择与决策行为。随着学者们研究的深入，心理学、行为学的研究方法开始融合进经济学领域，其中根据著名实验所提出的经典经济学悖论，使得经典理论的一致性与完备性受到质疑，逐步打破了以理性决策理论为主流的经济学格局，并诞生了诸多以有限理性为前提的相关理论。

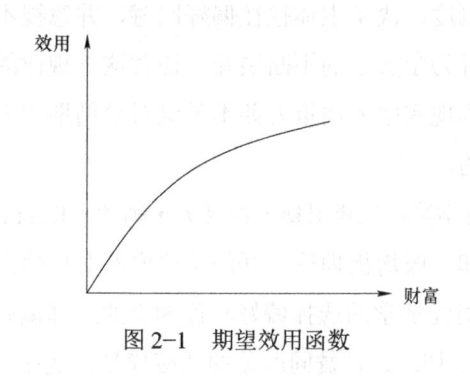

图 2-1 期望效用函数

阿莱悖论使"效用最大化"受到质疑。该悖论源于 1952 年，后来的诺贝尔奖获得者——法国经济学家莫里斯·阿莱（Maurice Allais）的一个著名实验。阿莱的实验内容为由实验对象对两个赌局作出选择：第一个实验，赌局A为"有100%的可能获得100万元"；赌局B为"有10%的可能获得500万元，有89%的可能获得100万元，但是也有1%的可能什么都得不到"。绝大多数人都选择了赌局A。第二个实验，赌局C为"有11%的可能获得100万元，有89%的可能什么都得不到"。赌局D为"有10%的可能得到500万元，有90%的可能什么都得不到"。绝大多数人都选择了赌局D。风险规避者应倾向赌局A和赌局C，风险喜好者应倾向赌局B和赌局D，但结果是大多数人选了赌局A和赌局D。按照期望效用函数进行运算，发现赌局A和赌局D的推导结果相矛盾。阿莱悖论证明了大多数人进行赌局选择的时候未遵循期望效用最大化。

埃尔斯伯格（Ellsberg，1961）[3]使"一致性偏好"受到质疑。这源于1961年他在论文中提到的红球黑球的选择实验。埃尔斯伯格的实验为在缸Ⅰ和缸Ⅱ放入红球和黑球，实验对象被告知缸Ⅰ中有100个颜色未知的球，缸Ⅱ中有红色和黑色的球各50个，从而进行一系列的选择性问答。其中通过实验结果发现，人们既偏好缸Ⅱ中的红球，又偏好缸Ⅱ中的黑球。显然，对于缸Ⅱ中的红球的偏好，是对缸Ⅱ中的黑球概率的否定，这二者之间是存在矛盾的，该矛盾经典理论无法解释，而参与实验的人往往都是理智的，甚至有一部分参与者是经济学家、统计学家。在不确定的情形下，人们的主观概率不能被测度。决策主体往往偏好回避，并忽视不确定的方案，随着心理学实验和行为学实验的不断展开，违背这一规律的现象越来越多，更多的研究者认为现实中的决策者并不是绝对遵循期望效用理论等新古典经济学理论原则的。

诺贝尔奖经济学奖得主肯尼斯·约瑟夫·阿罗（Kenneth Joseph Arrow）确立了社会选择和一般均衡理论，开创了研究不对称信息和风险的概念工具。他在1958年对经济学的选择偏好和行为学的选择偏好进行了梳理和综述（Arrow，1958）[4]，并且赞同西蒙的适应模型。他在文章中提到：对于不确定性下的理性行为，我们确实没有一个普遍有效的标准。更优的说法是在不同的情况下，不同的标准是有效的；在存在多项选择的情况下，不同的个体所做出的选择具有某种相互依赖性，因此会出现违背经典的复杂情况。1979 年，丹尼尔·卡内曼（Daniel Kahneman）和阿莫斯·特韦尔斯基（Amos Tversky）将心理学、行为决策与风险问题相互融合，结合确定性效应、折返效应，通过科学实验研究决策主体在不确定风险下，其行为策略改变的过程和特点。最终运用分析实验数据和结果，发表了重要的前景理论（Prospect Theory）的观点（Daniel and Tversky, 1979）[5]。其中"人更加偏好确定性结果，超过可能性结果"的确定性效应，解释了阿莱悖论中提出的问题。特韦尔斯基也进一步提出了埃尔斯伯格实验产生的悖论中存在的来源相依的问题。卡内曼与特韦尔斯基提到，决策者在面对风险时所表现出的决策特征与 EU 理论的基本原理不相吻合。前景理论得出在面对不确定性选择时人们往往是有限理性的等一系列结论，该理论由于具有开创性而获得了诺贝尔经济学奖。尽管该理论出自行为决策学领域，但是就内容上从现代金融学角度来看，它标志着行为金融学进入主流并开始蓬勃发展。

2. 前景理论的内容

卡内曼和特韦尔斯基提出，面对风险因素时的决策所表现出的特征分为两个阶段：编辑阶段和估值阶段。

编辑阶段：对有差别的远景做简化及重编码，具体是指编码和合成、剥离和相抵、简化和占优检索。在该阶段中能够观察到与决策行为相关的异常。

估值阶段：在编辑阶段之后的第二个阶段，即决策者对所有经第一阶段编辑过的远景进行评价，然后选取最高价值的远景，也就是选取加权价值函数 $V(p,x)$ 的最大值，其中被编辑期望的 $V(p,x)$ 是各价值函数与决策权重的加权线性和。价值函数具体为

$$v(x_i)=\begin{cases}(x_i)^\alpha, & x\geqslant 0\\ -\lambda(-x_i)^\beta, & x<0\end{cases} \quad (2.1)$$

式中，α 和 β 分别为收益象限和损失象限价值幂函数的凹凸性，即决策者

面对收益及损失时候的敏感程度；由于决策者在预估价值时是基于 w_0 参考点的，x 为决策者预估价值相对于参考点的偏离程度，即 $x_i=\Delta w_i$；λ 为决策者面对损失的厌恶程度，因此函数具有在损失象限要比收益象限陡峭的函数特征，且价值函数左侧斜率更大，如果 λ 大于 1 则表示损失厌恶。

被编辑期望的 $V(p,x)$ 中的决策权重函数为

$$\pi(p_i)=\frac{p_i^\gamma}{\left[p_i^\gamma+(1-p_i)^\frac{1}{\gamma}\right]} \quad (2.2)$$

式中，p_i 为事件 i 发生的概率；γ 为参数，表示在收益情境下人们对收益相关概率的主观扭曲程度。权重函数 $\pi(p_i)$ 具有确定性效应。如图 2-2 所示，前景理论中的权重函数表明"隐含波动率微笑"与决策者高估了低概率事件有关。因此 $\pi(p_i)$ 用来表示决策者对事件概率的敏感程度，即决策者自身对于 i 发生的可能性的主观判断。

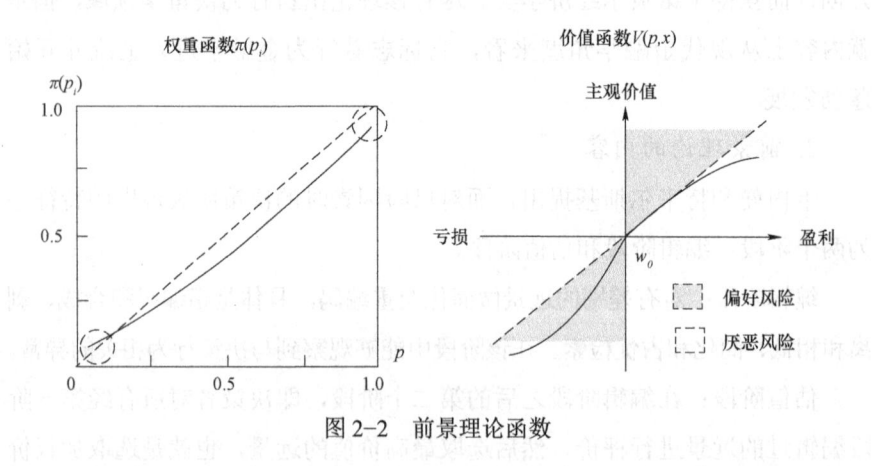

图 2-2 前景理论函数

如图 2-2 所示，以 w_0 为参考点，当 i 发生时，决策者能够感知到的价值差异为 $x_i=\Delta w_i=w_i-w_0$，则期望价值函数：

$$V(p,x)=\sum_{i=1}^n\pi(p_i)v(\Delta w_i) \quad (2.3)$$

式中，决策权重 $\pi(p_i)$ 为概率评价单调增函数；$v(\Delta w_i)$ 为决策者主观感觉的价值函数。图 2-2 中主观价值相当于 EU 理论中的效用，前景理论将财富

损益的效用价值函数描述成不对称的 S 形曲线。

与期望效用理论相比，前景理论的研究逻辑是完全不同的，具有本质性的区别。预期效用理论的研究基础是基于理性人的行为公理展开；而前景理论是基于有限人，即从心理行为学入手。预期效用理论的函数表述为加权效用的最大化，其具体权值是各类行为结果发生的概率；而前景理论是加权的价值函数的最大值，其具体权数值为真实概率的函数，另外该理论对于风险态度的衡量与预期效用理论也是不同的。

2.2.2 信息不对称理论

1. 信息不对称理论的形成

传统经济学除"经济人"之外，另一个假设是信息的完备性假定，在传统的经济学理论中，关于理性人的假定与之是密切联系的。相关理论首先假定了给定约束条件下的决策者在运用数学工具进行最大化偏好预测的时候，市场状态是充分竞争的，市场中的信息是完全的，即经济人是在完全确定性的环境中参与充分市场竞争，拥有完全信息，所做出的是完全理性行为决策。该理论暗含：①信息是一种市场公共品，拥有信息效用但是并不需要耗损成本；②不存在市场中不可获取的信息，也不存在歪曲的错误的市场信息；③决策主体都对其他方的行为、行为结果或者市场等信息能够掌握；④信息的分布和传播在决策者之间也没有时间差，是等时效的。因此，传统经济学中的决策者是拥有完全信息、理性及全确定性环境的决策主体。然而现实市场中这是很难的，尤其是在金融市场中这是不存在的。

随着信息经济学的诞生和发展，其逐渐成为主流经济学中的重要组成部分，并打破了完全理性中的信息假设。诺贝尔经济学奖获得者乔治·斯蒂格勒（George Joseph Stigler）即为信息经济学的创始人之一。斯蒂格勒（Stigler，1961）[6]研究发现市场参与者获得的信息是不完全的。在价格因素中，信息由于成本过高，使得市场参与者没有获得充分的信息的动力，这是正常的市场现象而不需要人为的干预，并且将这一现象从消费品市场延伸到劳动力市场。乔治·阿克洛夫（George A. Akerlof）、迈克尔·斯彭斯（A.Michael Spence）、约瑟夫·施蒂格利茨（Joseph E. Stiglitz）等学者对这一现象也进行了很多的研究，最终斯蒂格勒等人的研究形成并确立了一套完整的理论，衍生出新的知识领域，被称为信息经济学。随着信息经济理论体系的发展和分化，产生了宏/微观信息经济学和信息产业经济学等分支，其中与本书关系密切的是微观信息经济学的相关理论——信息的不对称性。

信息的不对称性，该理论的概念描述基础是契约设计，在其形成的过程中往往是给定信息结构，求证契约安排的。具体指的是在信息传递的过程中，相比信息的委托人，信息的代理人占据更加有利地位，拥有更多真实有效的信息，而信息的委托人则处于劣势地位的现实状态。信息不对称在经济问题中具有普遍性，信息代理人可以利用自身的信息优势获益，而信息委托人则需要面对信息交易的风险成本。不完全信息与信息成本的存在，影响了市场均衡状态和经济效率，所以研究信息不对称的发生与作用机制意义重大。

阿克洛夫在1970年就质疑并放弃了严苛的信息完备性（Akerlof，1970）[7]，提出信息的不对称性及由此引发的逆向选择问题。他在论文中通过旧车市场中卖方与买方存在车辆质量信息不对称的现象，阐述了一个不确定性的结果，即在交易中，卖方比买方更具信息优势，导致买方只能支付平均价格，该机制导致价值低于均价的劣质商品获益，而价值高于均价的质量优良的商品退出，发生了劣币驱逐良币的无效率现象。该次品市场被称为"柠檬市场"，该模型被称为阿克洛夫模型。这种逆向选择通过不断降低的平均价格和不断退出的相对优良商品，降低了市场均衡状态。如果在市场交易过程中任由信息不对称程度不断发展，均衡状态一再改变，市场调节就会失灵并爆发市场危机。虽然该文献并未就问题提出解决的具体办法和途径，但是这是关于市场信息不对称性规律的重要探索，该研究被认为是信息经济学最具开创性的文献之一。

斯彭斯在 1973 年同样在研究中运用不完全信息市场的动态博弈（Spence，1973）[8]，提出了信号传递模型和信息筛选模型。他将教育程度作为劳动力市场中求职者们生产效率的信号，将雇佣看作一个投资决定。二者的博弈关系为：求职者根据雇佣者给定的报酬函数（工资与教育水平）选择信号策略，凭借接受过某一程度的教育，力求工资与信号成本的差最大化，即信号传递；雇佣者不知道对方私人信息也无法亲自观察对方能力，面对对方提供的信号识别出实现自己利益最大化的雇佣合同，并在观察期后制定新的报酬函数，即信息筛选。斯彭斯的模型，提示虽然信息是不对称的，但是存在信号策略，信息代理人可以通过主动向市场传递商品私有信息，拉开卖方差异，来降低交易标的的信息不对称程度和委托人的交易风险。斯彭斯的信息筛选模型，提到信息委托人没有可选择的代理方式时，信息代理人可以通过更新代理方式、传递代理信息的方法获得更多的委托机会。委托人体察了信号后，如果同意负担额外风险成本，就会和代理人达成契约。在合同关系中，代理人会为了维持关系而向委托人传递义务履行情况。信息的不对称对市场效率的影响被大大缓解。斯彭斯的研究揭示了决策者如何利用私人信息来谋取更大利益的有关理论，是在信息存在不对称的客观情况下，提出解决问题的办法和途径的探索。其论文也成为信息经济学最具开创性的文献之一。

施蒂格利茨在 1976 年反对将完全信息放在经济假设的"注脚"位置（Stiglitz，1976）[9]，认为这个问题很重要。他以不完全竞争下的保险市场举例提到，保险合同的达成是在非对称信息中完成的，双方对私有信息的掌握是不对称的。消费者在为最大化预期效用而形成契约的均衡中，并没有获得负面利润的预期。如果保险市场是不完全竞争的，保险公司可以通过消费者的需求对其进行甄别，也就是存在信息甄别模型。另外消费者也可以通过一定的方法控制自身发生意外的概率，所以保险市场上充满了因为信息不对称引发的道德风险。施蒂格利茨的研究提示信息委托人，代理人在信息不对称下采取委托人所无法观察和监督的隐匿行为或不作为，为达到获取私利的目的而故意侵占委托人权益事件的风险概率。在后续的研究中，施蒂格利茨将信息不对称引入金融市场做进一步分析，提出非对称信息下的投资约束问题（Stiglitz，1976）[9]。企业明确银行对自身风险难以完全掌握，而风险大的企业为了获取贷款更可以接受高利率，利率的提高使得低风险企业退出市场，这一过程带来逆向选择。银行方平均风险的提高会降低预期利润，在更高利率和合同条款达成之后，企业违约风险会诱使高风险企业选择从事风险更大的项目，从而产生道德风险问题。银行一方也明确道德风险的存在，而采取宁愿维持较低利率来尽量满足平均风险的企业融资。这一过程是双方在信息不对称、逆向选择、道德风险和市场甄别的动态博弈下的必然结果。

2001年，上述三位学者阿克洛夫、斯彭斯和施蒂格利茨因在"使用不对称信息进行市场分析"方面的贡献而荣膺诺贝尔经济学奖。信息不对称理论的诞生于对传统经济学的前提假设的挑战过程，该理论的发展和完善，成为微观信息经济学的重要理论基石，尤其是在金融市场的行为与决策研究中，成为不得不考虑的客观环境因素。

2. 信息不对称理论的内容

（1）委托人与代理人。

信息不对称理论是问题导向的契约设计理论，即委托-代理模型。米尔利斯（Mirrlees，1976）[10]在论证过程中以委托人和代理人之间的信息不对称为基本前提，运用数理推导建立了一般化模型。其中信息代理人指的是具有信息优势，拥有私人信息的一方，对应上述研究，为阿克洛夫"柠檬市场"中的卖出方、斯彭斯劳动力市场中的受雇方和施蒂格利茨保险市场中的投保人。信息委托人指的是处于信息劣势，没有私人信息，想要获取私人信息的一方。对应上述研究，为阿克洛夫"柠檬市场"中的购买方、斯彭斯劳动力市场中的雇佣方和施蒂格利茨保险市场中的保险人。信息代理人与委托人，二者之间的契约是均衡合同，即阿克洛夫"柠檬市场"中的买卖达成、斯彭斯劳动力市场中的雇佣合同和施蒂格利茨保险市场中的保险合同。具体如图2-3所示。可见，对于信息代理人、信息委托人的定义和描述，是以私人信息为出发角度的。在契约达成中如果委托人也希望效用最大,就必须面对代理人约束。第一约束是参与约束,即代理人在接受合同时该效用至少不能低于其他合同的效用(保留效用)。第二约束是激励相容约束,即委托人期望必须符合代理人利益,通过激励实现双方的利益趋于最大化。莫里斯模型明确了信息代理人、信息委托人和二者之间的契约关系,解释了微观经济活动中契约的达成,信息不对称条件下的代理人的约束条件,委托人的制度设计与安排。

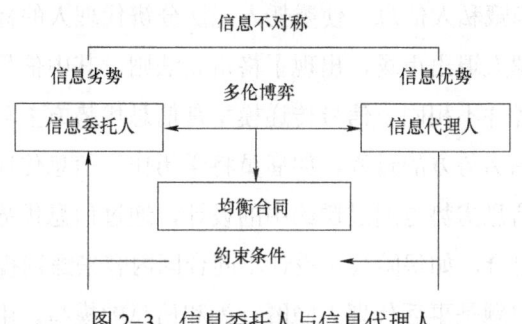

图 2-3 信息委托人与信息代理人

(2)隐匿行为与隐匿信息。

信息不对称从不对称发生的时间上进行划分,可以分为事前不对称及事后不对称,具体依据为不对称是发生在委托代理关系之前还是之后。从不对称发生的内容上进行划分,可以分为隐匿行为和隐匿信息,划分依据为不对称信息是某主体的行为还是知识信息。隐匿行为模型以不可观测行为为研究内容;隐匿信息模型以不可观测信息为研究内容。具体如表 2-1 所示。

表 2-1 委托-代理框架下的信息不对称(张维迎,1996)[11]

	隐匿行为	隐匿信息
事前逆向选择	—	逆向选择模型 信号传递模型 信息甄别模型
事后道德风险	隐匿行为的道德风险模型	隐匿信息的道德风险模型

因此,信息不对称理论的主要研究内容为事前不对称信息的逆向选择

模型和事后不对称信息的道德风险模型。其中在委托-代理框架下的逆向选择问题都是事前代理人隐匿信息的模型，无论是信号传递模型还是信息甄别模型。在博弈过程中，代理人占据对方所没有的私人信息优势地位，委托人则处于信息劣势地位。它与道德风险在时间与内容上都是不同的。从时间上看，逆向选择为事前，即合同成立前该信息分布不对称就已经存在。在内容上看，逆向选择体现为隐匿信息的行为，即在委托-代理框架中的信息代理人通过隐藏私人信息，使委托人无法分辨代理人的标的质量，从而使得高质量代理人退出市场，出现了格雷欣法则。其中信号传递模型及信息甄别模型二者并不相同。信号传递模型是信息优势方主动将优势转化为信号传递给信息劣势方的过程，如雇员将学历作为信息传递给雇佣者。信息甄别模型是信息劣势方通过邀约中的设计，通过信息优势方的选择甄别出对方的特征组合，如保险公司设计不同合同内容来甄别投保人的行为。

道德风险问题是事后代理人隐匿行为和信息的模型。由于产生合同关系时信息是对称的，但是事后在博弈过程中由于委托人无法观察到代理人的私人信息和行为，只能获得结果，那么就会出现代理人利用该视角盲点，谋取自身利益而损害委托人利益的行为。在隐匿行为的道德风险中，委托人通过激励合同的设定来诱导代理人从自身利益出发进行选择，这对委托人是最有利的。在隐匿信息的道德风险中，委托人通过激励合同的设定来诱导代理人从既定自然状态下选择行动，但是该行动对委托人是最有利的。

（3）公开信息与私人信息。

公开信息，指的是市场主体所共同具备的市场知识或者具有的"常识"，是能够为市场参与者所广泛获取的信息。因此公共信息是市场环境的重要组成部分。显然，市场无法离开公共信息。在大多数情况下，公共信息的披露、增加和精确可以增加社会福利。但是如果市场中存在私人信息或者存在偶然交易，公共信息的过度增多也可能对市场效率产生负面影响。从本质上看，公共信息是一种公共品，其不具有私人品的强竞争性与排他性。因此它像其他公共品一样，会产生经济学中的"搭便车"现象。公共品的特性决定了部分人对它的享用并不影响他人享用，享用人数的增加并不意味着信息成本的增加，因此很多人的获取是免费的。在市场中，如果很少有人愿意作为信息提供者，那么就会使得市场中缺乏公开信息，或者公开信息不足以达成有效率的交易。而私人信息与公开信息属于相对关系。在资本市场中，最公开平等的信息是上市公司按照《证券法》《公司法》等规定进行的财务信息披露，包括表内和表外信息披露。表内的披露信息包括上市企业的财务状况、经营成果和现金流量；表外的披露信息包括法定披露和自愿披露的，报表法定信息不能满足信息使用者，尤其是投资者的企业相关财务和经营状况的信息。上市企业的信息披露过程既受到外部制度化的约束，又受到企业内部治理结构和框架的影响，尤其是表外信息披露。该类信息都属于市场公开信息。

私人信息，指的是个人市场主体所拥有的独占性的信息，具有排他性质。私人信息拥有者不会免费提供自己的信息，通常私人信息常与市场预期收益挂钩。收益驱动下，总有投资者通过分析、加工或者挖掘等渠道得到公开信息下的隐藏信息，或者掌握了企业有关的风险或者价值信息，因此私人信息是属于个别群体的，属于少部分投资者的。而能够有能力获取这部分信息的群体，往往具有较为专业的财务背景、分析能力和技术优势，例如专业分析师、机构投资者等。市场调节机制本身就会激励市场参与者获取私人信息并产生交易。私人信息的产生过程说明，不仅信息在企业和投资者，即委托代理关系之间是不对称的，在不同的投资者之间也是不对称的。罗克（Rock，1986）[12]通过构建模型证明了机构投资者与个人投资者之间存在这种不对称性，并且认为相对于机构投资者，散户并不了解股票的需求趋势，他们属于无信息者。市场中不存在完全的信息，完全公开信息会产生格罗斯曼-施蒂格利茨悖论❶。但是二者是可以进行有条件的转换的，公开信息和私人信息共同构成市场有效运行和调节的信息基础。

---

❶ 格罗斯曼-施蒂格利茨悖论（Grossman-Stiglitz Paradox）认为：由于存在信息成本，竞争均衡和市场效率是不相容的，价格不可能充分显示。如果价格是信息有效的，就不会有人以成本消耗和前期风险为代价来收集信息；如果没有人去获取信息并交换，新信息就不能被有效率地汇总并体现在资产价格中，因此价格就不可能是信息有效的。

2.2.3 基础理论适用性

1. 前景理论的适用性

由于运用前景理论对金融市场和市场参与者行为进行描述更加现实，因此该理论成为行为金融学领域基石地位的理论。前景理论对于理解机构投资者有限理性行为具有重要的理论意义，它能够反映机构投资者在决策时的心理特征，揭示实际金融市场中机构投资者等多方参与主体的行为特征。机构投资者担任了企业外部股东、市场参与主体和政策监管对象的社会公众群体的重要角色，面对不确定性环境的决策行为存在心理感知和风险偏好，该问题的分析基础不符合期望效用理论的基本假设，而是前景理论框架内的问题，其价值函数和权重函数中所蕴含的理论特征就有所体现。另外，机构投资者的行为研究并非只关系到机构自身，机构有限理性中的非理性部分可以对企业风险进行忽略，也可以对企业价值进行炒作，使得企业的资产价格偏离价值，增加企业价格泡沫或者减少企业融资；机构投资者的群体行为、集中性行为可能会溢出，影响市场的短期走势；集中性行为如果引起市场失控或失控风险，需要政府相关部门的监管、调节和控制。因此，本书使用前景理论为理论基础，克服期望效用理论的局限性，分析机构投资者在参与企业、市场、政府监管中的关系与过程。

2. 信息不对称理论的适用性

信息不对称理论对于刻画金融市场中的环境因素比理想模型更具现实性，因此被广泛应用于金融问题的研究。其中戴蒙德较早地提出金融机构的信息获取和处理对于金融市场中存在的信息不对称的重要性（Diamond, 1984）[13]。金融中介类机构可以通过较低的监督成本就能提升企业信息在市场中的透明程度，减少投资融资过程中的逆向选择和道德风险，从而减轻与企业、与市场中的信息不对称程度（Stiglitz, 1998）[14]，有利于外部投资者的直接投资。但是他们也是私有信息的拥有者，私人信息很可能是获取更高市场价值的竞争优势，因此机构投资者在信息论中所具有的角色也比个人投资者要复杂。他们在面对企业信息的时候是委托人，又在市场中的私人信息方面是代理人。因此本书中的机构投资者既是金融中介，又是外部投资者；既具有市场属性，又具有股东属性；既是信息的委托人，又是信息的代理人。资本市场中的机构投资者，综合了企业外部股东、市场参与主体和政策监管对象的多重角色，在信息不对称环境中构成了委托-代理关系，必然面对逆向选择、道德风险等课题，在市场中是否存在代理方的私有信息传播等问题，对政府规制的公开信息的接收与执行等，需要进一步分析其参与企业、市场、政府监管中的关系与过程。

2.2.4 机构投资者有限理性行为定义

机构投资者，如同卡内曼和特韦尔斯基的前景理论所描述的，它们自身对环境不确定、信息不充分是明确的，在自身限制下，能够充分发挥认知，所做出的决策是深思熟虑的结果。他们尽己所能地搜集、挖掘并处理信息，从而应对信息的"天然"不对称，是一种基于绝对理性和非理性之间的受限状态所做出的行为。根据西蒙的定义和基础理论，他们的决策行为特点有：

（1）机构投资者不具备经济人具有的有序偏好、完备的信息和精确的计算力，无论是企业决策，还是市场决策，它们都不能追求问题的最优解，不是一种实质的理性。

（2）机构投资者不具备经济人具有的偏好一致性，他们的决策行为既不符合序贯设计中的贝叶斯定律，也无法用合理的计算工作量过程来具体求解。

（3）机构投资者能够认识到环境不确定、信息不对称，明确自身限制性，但是无论是企业决策，还是市场决策，他们都会追求解决问题的满意解，是一种过程的理性。

（4）行为金融学中的博彩偏好、题材偏好、私有信息的传播和溢出、模仿和羊群等同侪行为，都是出于机构投资者寻求满意解的过程中的行为表现，他们涉及企业融资的解决，影响市场长短期走势，受到政府监督管理，是本书研究的重要内容。

2.3 机构投资者有限理性行为研究视角

从前一节的理论上看，机构投资者是前景理论中的决策主体，在信息不对称的外部环境中，其决策行为影响上市企业、资本市场，并隶属政府政策规制的重要投资者群体。根据机构投资者的市场地位和主体作用，主要立足于三个视角——企业、市场、政府关系，研究机构投资者的有限理性行为，如图2-4所示。

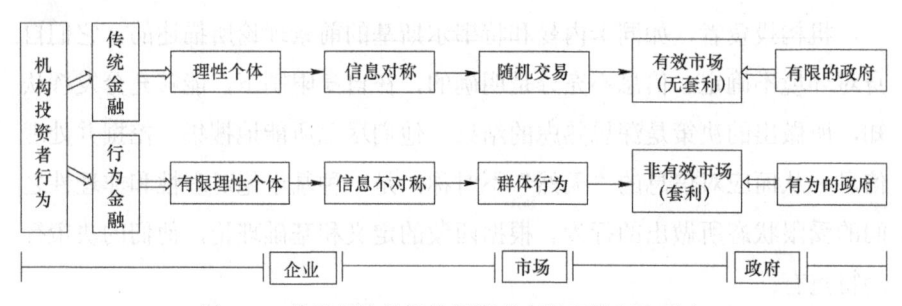

图2-4 基于理论的机构投资者有限理性行为研究

理论上，尽管机构投资者拥有相对深厚的专业理论和投资经验，但是依然受限于自身生理和心理局限，无法拥有理性人假设中的完备性；在投资决策过程中也会受到一般规律的影响，如存在反射效应、敏感性递减、损失厌恶等心理特征，不具备一致性前提。机构投资者相对个人投资者具有更多信息优势，而相对于上市公司则属于信息劣势方，因此交易中存在大量的逆向选择和道德风险隐患。机构投资者作为投资群体，受到一般规律影响，有可能导致群体行为，当群体行为造成市场调节失灵时，需要政府的调控手段发挥指导市场的作用。因此机构投资者的有限理性行为需在政府规制框架下，发挥社会主义资本市场中的重要作用。

事实上，我国作为新兴的世界重要资本市场，机构投资者面对的环境

第2章 理论梳理与机制分析

中的大量信息因素，根本不符合经济人假设的前提假设。仅从现象上看，（1）企业的经营战略或价值创造的对外披露具有现实困难。以科技创新为例，研发活动是企业提高自身竞争力的重要途径，因此属于商业机密，如果企业对外披露过于详细的相关信息就有可能被行业竞争者获悉，增加相关风险。但是企业的信息披露可以降低与外部投资者之间的信息不对称程度，否则相关信息的缺失必然导致企业的价值潜力无法从资本定价中获得认可，企业无法获得与价值潜力对应的现金流，融资约束得不到解决。企业很难从对外披露的风险与收益中寻找解决路径和平衡点。（2）企业的对外披露并非都是真实机制的体现，面对我国"创新驱动发展战略"的实施，宏观层面的鼓励导致企业面对政府补贴、税收优惠、地方激励政策及其他配套的时候有短期动机，因此产生创新泡沫。而机构投资者在本应该选择未来竞争性强的创新优势企业时，也有可能在政策激励的背景下产生短期行为，只追求短期价格上涨的题材，由于部分企业并非真正具有资产价值，因此产生背离，当资本定价虚高至目标利润选择套利退出，产生机构投资者的博彩效应。如果机构投资者的行为仅仅是投机行为，那么企业的短期泡沫行为被机构投资者解释为利好，通过资本市场，从企业内部的表内资产[1]泡沫转为资本定价泡沫，该市场过程其实是没有效率的。（3）所有的企业与所有的投资者构成市场整体，在市场中机构投资者与个人投资者之间可能存在更为复杂的关系，其博弈甚至有可能显化。例如，长期以来，美国证券市场是由机构投资者占据主导的，在2019年传统经纪商取消了交易佣金之后，美国的个人投资者交易开始活跃起来。2021年初，游戏零售企业游戏驿站的股票，被个人投资者逼空而引起股价的巨幅波动，个人投资者与机构投资者的对峙引起了全世界的广泛关注。我国是机构投资者队伍正在稳步发展的证券市场，交易机制与其并不相同，但是个人投资者与机构投资者之间也并非简单的结构关系。（4）2010年我国政府允许证券市场开展"融资融券"业务，标志着我国股市开始允许做空，并有了做空的

---

[1] 表内资产：企业的创新成果主要体现在表内资产中。表内资产，指的是企业财务报表中的资产负债表内的资产，具体到创新成果，是表内资产中的无形资产——专利权等会计科目。

机制和工具。该类业务在西方市场运行多年，并非投机工具，而是提供了多空风险的对冲，并且做空的机构投资者往往通过挖掘上市公司的隐匿信息获得做空资本，例如2020年第一季度，知名做空机构浑水（Muddy Waters Research）公开了沽空[1]报告，该长达89页的专业报告收集整理了瑞幸咖啡的销售小票2.5万余张，前后共动用近1500名调查员。该事件最终通过媒体酝酿和市场机制推动瑞幸咖啡走向了退市。做空投资者因此获得可观的沽空收益。可见即使挖掘信息本身的成本是巨大的，制度设计依然可以在一定程度上缓解市场调节中天然存在的信息不对称，具体到我国，政府的政策设计和监管政策，会起到规范投资者、抑制非效率市场行为的作用。

总之，通过理论和现象描述可知，机构投资者有限理性行为的研究可以从"企业-市场-政策"层面展开，深度分析机构投资者所处的金融生态圈，将研究的着力点放在机构投资者的行为测度和关系研究上。

2.3.1　企业外部股东——纾困企业融资

以上市公司角度考虑，机构持有本公司流通股，成为公司股东，可以解决公司经营中的现金流问题，纾解企业融资约束。这是其成为信息代理人的驱动力。它们是企业自身的战略、内部决策、经营状态、隐性风险等信息的拥有者，企业将股权投资看成上市公司寻求外部融资的方式，上市公司就位于信息不对称中的信息代理方，信息代理方可以通过对外披露的信号来促成合约。如同阿克洛夫的消费市场和斯彭斯劳动力市场中的卖方。如果企业具备投资价值，代理方可以通过发出信号，即对外披露相关企业信息获取信贷或者投资，从而解决发展中的融资问题。但是阿克洛夫也谈到了次品市场的问题，违规披露和虚假信息发布，可能会蒙蔽外部投资者，从而造成市场调节的无效率。

---

[1] 沽空：即卖空。它具体指的是卖出投资者现在持有股票的（或借入投资者账户的股票）交易，并希望在将来以较低的价格买入该股票。沽空时，标的股价下跌后，交易者以较低的价格买入这些标的股票。如果买入价格如同估计的一样是低于卖出价格，那么二者的净差即为投资者的获利。

从机构投资者角度考虑，如果将投资看成决策过程，那么机构投资者在决策过程中，遵循前景理论的基本规律——自身和环境的限制在决策过程中存在有限理性。机构投资者持有上市公司的流通股是对上市公司股票现有价格的认可，并认为未来存在套利空间，因此属于交易过程中的投资者和外部股东。如果是基金业务、资管计划等，那么机构投资者还在整个市场中具有双重委托代理特征。机构投资者是信息的接收方，企业的战略价值和风险，是它们通过信息接收、分析和判断的，信息的不对称性贯穿了它们决策的始终。机构投资者作为信息不对称中的信息委托方，也并非没有途径进行信息缓解，它们可以通过调研、分析师披露、提案与协商等手段缓解信息的不对称性，并做出判断。在这一博弈过程中存在大量的道德风险，这是信息不对称的必然结果。机构投资者作为决策者，追求自身预期收益的同时，缓解上市公司外部融资问题，由于信息不对称，机构决策能力受限，因此机构的风险识别和价值判断就变得很重要。根据前景理论，它们在进行决策的时候是有确定性效应的。作为流通股的持有者，二级市场中的机构投资者自身并非长期股权投资者，它们在面对企业潜在价值时可能会考虑未来性和不确定性，但是理论认为投资者决策在赋权的时候对于确定性总是赋予更大权重的。另外机构投资者在考虑是否进行投资的决策时不可能只考虑企业因素和现实价值，宏观背景、市场因素、行业合作与竞争、其他投资者策略都是它们考虑的，多因素下企业对价值的偏好可能不存在一致性，如图2-5所示。

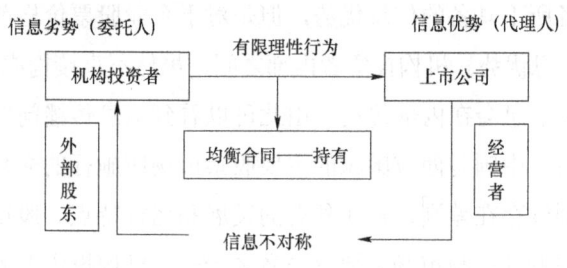

图2-5 机构投资者与上市公司的关系

本书在研究机构投资者作为上市公司外部股东的市场关系中，立足纾解企业融资需求，起到"压舱石"的主体作用，重点研究两个问题：机构投资者有限理性行为是否可以识别企业经营战略风险，以及对企业价值创造是否具有偏好。

2.3.2 市场参与主体——引领市场投资

从群体来看，机构投资者是证券市场的重要组成部分，在机构与散户两类投资者中，普遍认为机构投资者由于具备专业性，对于个人投资者具有一定的导向和引领作用。而证券市场是资本市场的重要组成部分，是社会主义特色在资本投资领域的重要探索。政府工作报告中强调要改善投资者结构和维护资本市场的稳定性，并提到机构投资者要起到市场"稳定器"的关键作用。机构投资者作为持有流通股重仓位的交易者，其通过决策行为来敲定的过程往往就是股票定价的过程，而能够对市场造成影响的往往并非个体行为，而是集体的、相互关联的行为。

机构投资者个体决策具有有限理性，机构投资者群体的行为也具有有限理性的特点。在资本市场中多群体的信息不对称，从委托-代理制度来看也具有多重性和复杂性，如图2-6所示。例如，机构投资者与个人投资者之间，前者具有后者所不具备的信息优势，二者之间可以通过基金形式签订合约，合约的标的物仍然是市场中的股票。机构投资者群体与企业群体之间，由于机构投资者之间是可以竞争与合作的，所以对于企业股票价值后者具备前者所不具备的信息优势，但是对于企业股票价格前者具备后者所不具备的信息优势。机构投资者内部之间，虽然不直接构成委托-代理关系，但是私有信息会在内部传播。由此可以看到信息传播问题在群体行为中的重要作用。中国与西方国家的主要股票市场所施行的交易制度、发行规则及监管制度存在差别，存在独有的发展和运行特点。股市的稳定、股票市场价格的变动，与市场主要参与者之一——机构投资者的行为有很大的关系。总之，在机构投资者有限理性框架下，保持资本市场的稳定，避免引起系统性风险十分关键。本书基于机构投资者作为重要的市场参与主体，立足引领引导市场，起到"稳定器"的主体作用，重点研究两个问题：机构有限理性持股行为，机构有限理性行为私有信息传播对市场产生的影响。

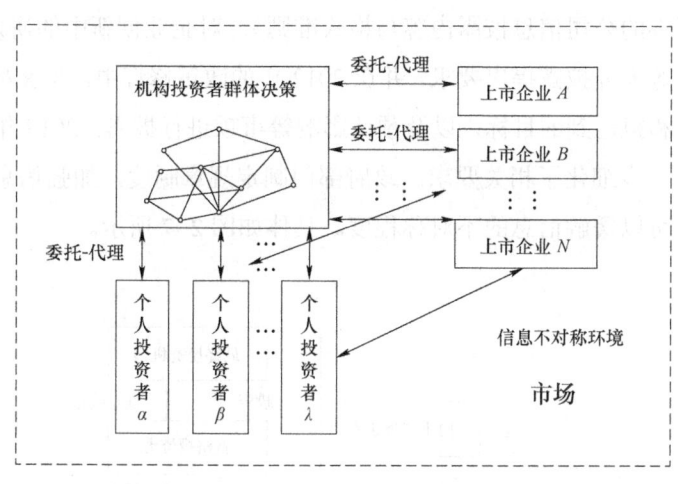

图 2-6　机构投资者与市场的关系

2.3.3　政策监管对象——归属政府规制

从宏观角度看，股票市场是众多宏观经济面中的一个具体市场，它是为实体经济服务的，政府进行制度设计、政策调整和监督管理的时候需要进行全局考虑。机构投资者作为该市场中的重要组成，必然受到政府的监督管理。即使是西方成熟的资本市场依然需要这只有形的手。1970 年，诺贝尔经济奖获得者尤金·法马（Eugene F. Fama）提出了有效市场假说，并认为有效市场假说有一个较为严苛的前提，即金融市场的投资者必须拥有足够的理性，而且拥有对所有市场信息迅速做出合理反应的能力（Fama，1970）[15]。法马假设当股票市场是规范的、竞争充分的，则证券价格可以及时、准确和充分地反映所有价值信息，市场不存在操纵空间，也就不存在超额利润。这种假设显然不符合前景理论和信息不对称理论的相关论述。我们研究的机构投资者有限理性行为和环境中无处不在的信息不对称，必然导致市场的调节失效。面对市场的信息不对称，政府这双"有形的手"

51

往往是有效的。仍然以企业科技创新为例：近年来，我国证监会对上市公司年报中的定性信息披露也陆续提出了一些要求，2006年证监会公布《公开发行证券的公司信息披露内容与格式准则》，对企业创新中的研发计划、研发目标等表外披露提出要求，并在2012年的政策修订中，要求对研发目的、进展和拟达到的目标，以及预计影响等事项进行披露。2017年的政策修订中进一步细化了相关要求。政府部门制定规章制度，加强信息披露的规范化，可以缓解信息的不对称程度。具体如图2-7所示。

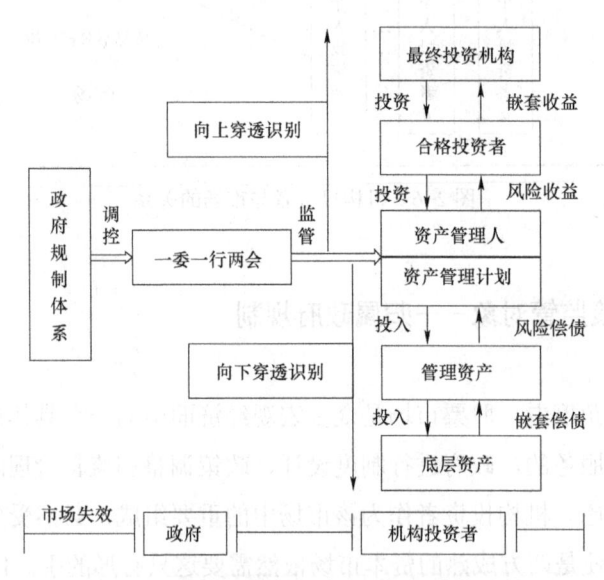

图2-7 机构投资者与政府调控、监管政策

我国证券市场的具体实践也说明了市场调节会失效，政府需要进行宏观调控，运用经济、法律和行政手段对证券市场进行规制，以有为的政府手段作为市场调节失效情况下的重要补充，保证市场健康、平稳、有序发展。随着金融自由化、多样性和金融创新的发展，近些年市场调节失效屡有发生，我国政府相关部门，在机构投资者的发展问题上曾经提出"超常规"一词，但是随着对机构投资者认识的加深，监管口径一再发生变化。2018年，"一行两会"联合国家外汇管理局共同发布《关于规范金融机构

资产管理业务的指导意见》❶，意见中明确了资本市场中进行穿透式监管的说法，既针对底层资产，也针对最终的投资者。目前，该说法是较为严厉的监管口径，它实质上是对资产的管理者、机构的底层投资者和底层资产进行了穿透，直指最终资金来源、最终资金投向的嵌套问题。在政府规制的诸多领域中除了资本市场，其他并无"穿透式监管"类的名词，充分说明了资本市场的监管必要性和严峻性。其监管力度与市场中的信息不对称、有限理性和非理性行为、市场调节屡屡失效之间存在关联，而机构投资者在政府规制体系中是被监管主体。因此本书研究机构投资者作为监管对象具有有限理性，在市场调节机制失效状态下由政府规制进行补充调节作用时，能否缓解机构投资者的投机成分，降低操纵风险，促进市场价格回归价值。

本书在制度研究中以融资融券制度为例，长期以来我国证券市场中存在"买涨不买跌"的制度现实，在规则设计中是禁止做空沽空的。融资融券制度的实施与随着发展的需要扩大标的股票范围（扩容）解决了这一问题。不少文献对于这一争议性的政策所产生的经济后果的研究，集中体现在融资融券制度对于企业、市场、投资者产生的影响；而本书研究重点为：融资融券作为国务院批准，相关部门具体实施的制度设计和随机调整的监管政策，对于机构投资者的有限理性行为中的非理性部分是否具有抑制作用。

2.4 机构投资者有限理性行为与"企业—市场—政策"的具体机制

2.4.1 机构投资者有限理性行为对企业持有策略的影响

本节针对重点研究的两个问题：机构投资者有限理性行为面对企业战

---

❶《关于规范金融机构资产管理业务的指导意见》对资产管理业务"实行穿透式监管，对于多层嵌套资产管理产品，向上识别产品的最终投资者，向下识别产品的底层资产（公募基金除外）。"

略风险能否规避，机构投资者有限理性行为面对企业价值创造是否具有偏好一致性，分别进行梳理。

1. 机构投资者有限理性行为规避企业经营战略风险

机构投资者作为上市公司外部股东进行投资决策时，面对的信息不对称程度较高且处于信息委托方，作为专业投资机构很可能具有损失厌恶的行为特征。因此，本书使用企业战略风险差异作为企业经营战略风险的测度与衡量，当企业战略偏离行业常规，面临一定的经营风险的时候，检验外部机构投资者的有限理性行为能否进行避险，如图 2-8 所示。

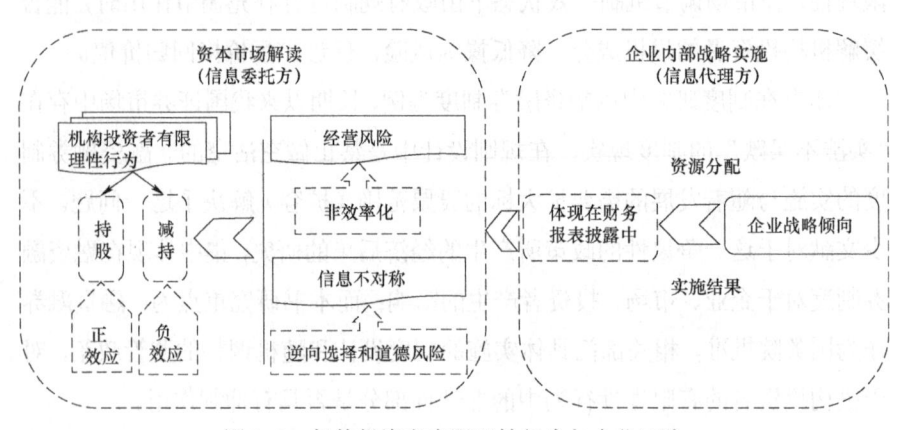

图 2-8 机构投资者有限理性行为与企业风险

第一，从企业经营战略风险看，企业战略风险差异越大，其风险越大。行业常规战略路径往往经过长期发展及多方磨合，抵御外部风险的可能性更高；偏离常规的战略模式，虽然有可能填补竞争空白，但是增加了企业探索成本和未知风险。从外部法律环境方面，在行业常规战略路径中，企业对相关行业制度和政策较为熟悉，这有助于降低企业的诉讼风险；相反，企业的战略差异越大，对新路径的法律法规、相关政策不够熟悉，很可能提高违规成本。选择未经行业验证的战略路径，可能影响到现实经营效率。在企业将物质和人力资源转配到新路径的过程中，如果适配度较低，那么原有的生产线、人才资源等可能需要重置，带来更多资金和经验问题；新的战略路径未经同行充分验证，往往会偏离行业专家的意见，超出经营管理层经验，增加相关成本和风险。从机构投资者有限理性行为看，其可以通过报表和公开披露来了解企业战略和经营风险，由于信息的不对称性，机构很难如同内部人士一样对企业战略的偏差做出未来判断。故提出假设 4-1：机构投资者有限理性行为可以识别企业经营战略风险。

第二，机构投资者有限理性行为对企业战略风险的认知具有非对称性。企业战略风险的具体内容并不相同，也就是说即使是同一个战略，不同侧重点也可能得到不同的结论。通过各种相关研究来看，企业战略的不同领域不同侧重所引起的资本市场的具体反应是不尽相同的，机构投资者有限理性地看待市场，具有符合自身利益的分析角度和投资策略，因此当机构投资者面对不同的企业战略风险的侧重，其具体认可程度如何还需要进一步分析。战略差异所引起的信息不对称的加剧，对外部机构投资者产生了重要影响。企业战略风险差异与外部的信息不对称之间存在关联，企业的战略差异越大，市场越难以运用原有行业经验及发展规律对其进行认识和解释。企业的背景与持股性质不同，机构投资者持股所增加的风险、监督成本及交易成本不同，那么企业战略差异与其他企业得到的机构的反应也不同。故提出假设 4-2：机构投资者有限理性行为对企业经营战略风险的识别存在非对称性。

2. 机构投资者有限理性行为对企业价值创造具有偏好

机构投资者作为上市公司外部股东进行投资决策时，面对的信息不对称程度较高且处于信息委托方，作为专业投资机构很可能具有价值偏好的行为特征。本书运用目前国家创新驱动发展战略作为企业进行价值创造的测度与衡量依据，当企业加强创新投入与产出，面临融资约束的时候，检验外部机构投资者的有限理性行为是否具有偏好，该偏好是否具有一致性，如图 2-9 所示。

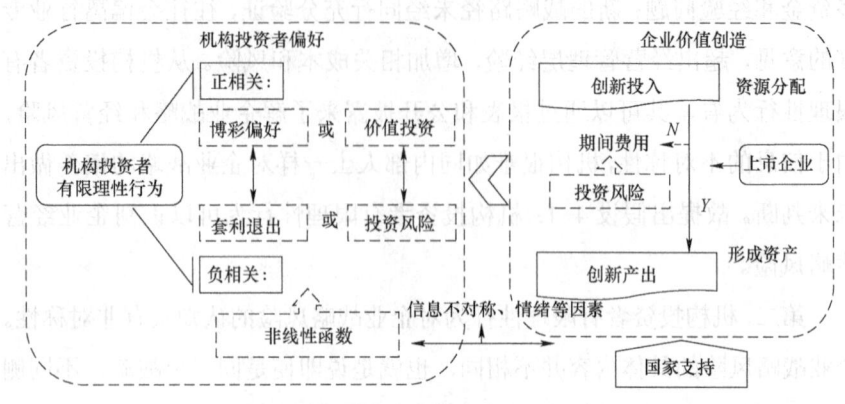

图 2-9　机构投资者有限理性行为与企业价值

第一，从企业价值创造来看，创新项目吸引外部投资者，有价证券自身具有流动性和交易性，可以提高资本市场的资源配置效率，资本通过市场原则从创新效率洼地的传统生产部门转配到创新效率高地的研发创新部门。机构投资者通过持有方式支持企业创新，运用证券市场的资源再配置功能引导资本流动，并通过股市的资产定价功能，有效评估了企业创新项目价值，体现市场认可，有可能是一种价值投资。当然这是一种理想的推断，机构投资者在投资策略中也有买入价格高估的股票的倾向（Jang and Kang, 2019）[16]，存在配置风险更高的投机性股票的动机和行为。因此，本书推测国家战略可以转化为企业行动，然后赢得市场中的机构投资者关注，广泛的热度可能引发市场联动，产生选股策略中的博彩偏好或者价值投资的动机。故提出假设 4-3：机构投资者在有限理性行为下偏好企业创新价值。

第二，从机构投资者持股目的来看，机构投资者或者基金经理作为相对成熟投资者，对比个人投资者，其在经验上更可能是成熟套利者。股票市场为这部分投资者提供丰富的风险管理工具，机构投资者决定了资产流向风险高、预期收益也高的创新项目，为了获取收益会持有概念类、博彩类股票的同时，通过吸引非理性的投资者跟进而套现获利。该投机对于机构投资者自身是有限理性的（Abreu and Runnermeier, 2003）[17]。与个人投资者不同，机构投资者由于同业间的社会网络，其特质信息可以更快地通过私人渠道传播，能够更加准确地把握买卖时机，持有行为更有可能步调一致。因此当企业科技创新项目的投入继续增加，超过一个峰值，机构投资者无论是出于博彩偏好还是价值投资，都有可能意识到企业资源分配挤出或者资产经营风险而选择市场"出清"。由于信息不对称的存在，过高的创新水平使得机构投资者难以分辨财务披露中存在表内无形资产投资异常的上市公司，他们到底是在标榜自己还是在提升自己，不明确性使得机构投资者在判断过程中受到市场情绪的影响，无论是持有还是套现都隐含了集体决议的成分，是因为相互间的传染而产生的趋同行为。故提出假设4-4：机构投资者在有限理性行为下对企业创新的价值偏好缺乏一致性。

2.4.2 机构投资者有限理性行为对市场波动性的影响

本节重点研究两个问题：机构投资者有限理性的持股行为对市场产生影响，机构投资者有限理性行为下的私有信息传播也对市场产生影响。二者在对市场影响中的异质性，反映了机构投资者在杠杆牛市和低迷股市中的不同表现，如图2-10所示。

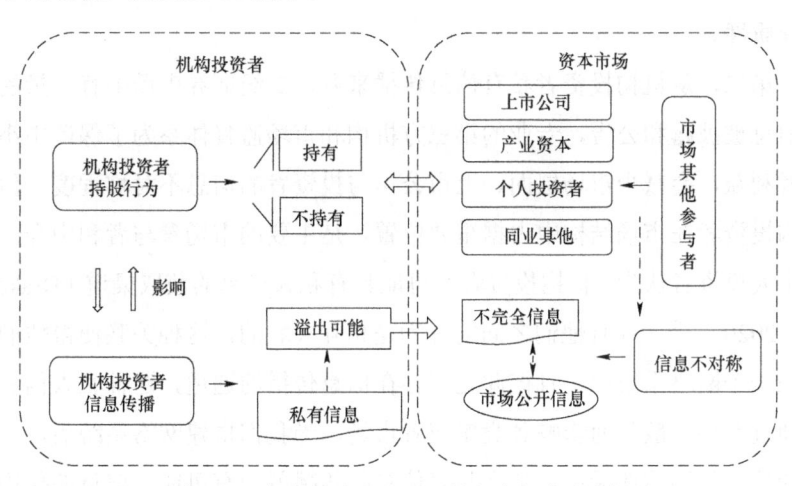

图2-10 机构投资者有限理性行为与资本市场

第一，从机构投资者持股行为来看，在我国证券市场特殊背景下，上市公司股权集中，机构投资者投资占比相对较低。与西方成熟市场可以干预公司管理，实现发声式的监督不同（Crane et al.，2019）[18]，我国的机构投资者往往通过"退出威胁"发挥作用。如果两个市场法人之间出现利益关联，则机构投资者有可能会放弃监督优势，转而与管理层就隐藏信息进行"合谋"；同时某些机构更侧重短期交易，而并非价值或战略投资，如果上市公司存在潜在的下跌风险，机构依然可以选择投机交易获利退出。当机构投资者之间出现共同持有行为，二者的市场竞争关系弱化，而形成内卷化集团，由于市场中的信息不对称，私有特质信息的传播在内部更通畅。因此对于乐观市场的良好预期或悲观市场的积累释放，表现出相对类似的行为策略（Musciotto et al.，2018）[19]。一般个人投资者认为，他们更可能具有丰富的投资经验、扎实的专业知识。他们对于板块和个股的看好，往往对于其他投资者具有指导和引领作用。这一过程会加剧市场的不稳定性。同时，在不同的市态下，投资者的行为和心理必然存在差异，相同的冲击和波动带来的市场震撼也不同，从而导致机构投资者之间的投资策略带来的市场冲击不同。故提出假设5-1：机构投资者有限理性的持股行为会影响股票市场的走势，并具有发展阶段上的不对称性和不同市场状态下的异质性。

第二，从机构投资者私有信息传播来看，二级证券市场中有大量的公开信息被披露和公告，专业的第三方机构和市场监督体系为了保证中小投资者利益，会减少市场层面、上市公司与投资者的信息不对称程度。但是机构投资者在市场结构中占据重要位置，是主要的市场参与者和中介。一般个人投资者认为，机构投资者更可能具有私人信息的获取渠道（Drake et al.，2020）[20]。并且他们之间的行为是相互关联的，这种关联使得他们同处在一个网络系统中，且彼此之间存在信息传播的通道，这种私人信息可以通过网络扩散从而影响到股票或者市场。当我们搭建网络系统后，系统中的信道越通达或无序，那么私有信息的传播就越有可能，信息的传染性就越强。私有信息的与市场公开消息不同，过度关注私有信息或者内部消息的往往更可能是"噪声交易者",而广泛关注市场业绩、投资价值和长期收益的往往更加理性。当市场中存在大量的有限理性交易者,那么他们可能会在私有信息的传播中助推股市行情,或者砸盘外逃造成市场恐慌。同时,本书认为机构投资者的信息传播与持股行为类似,很可能也具有跨期性、异质性和阶段性。故提出假设 5-2:机构投资者是有限理性交易者,其私有信息的传播会影响股票市场的走势,并具有发展阶段上的不对称性和不同市场状态下的异质性。

2.4.3 机构投资者有限理性行为与监管政策的因果效应

本节重点研究以下问题:机构投资者有限理性行为中的非理性成分,能否通过相关政策和制度设计得到抑制。该类非理性成分中,对市场危害比较大的模仿、羊群行为等,在牛市中集中分布推高泡沫,在熊市中集中逃离导致跌幅较大(吴晓晖等,2019)。因此,此处以同侪行为为代理变量,通过政策因果效应实证,研究监管政策能否对该类行为起到抑制作用,如图 2-11 所示。

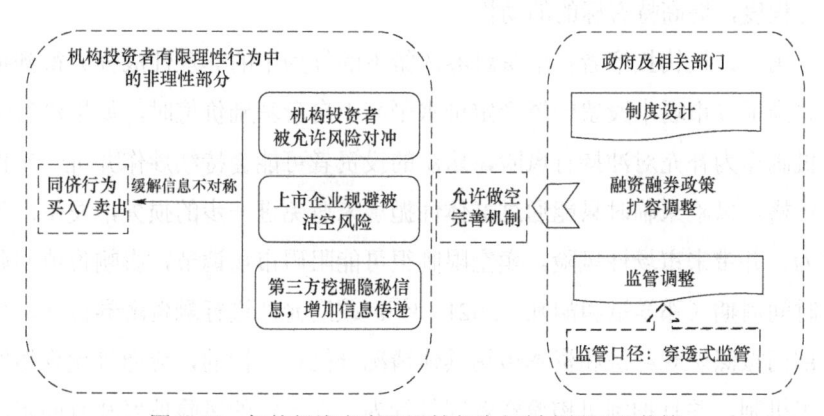

图 2-11 机构投资者有限理性行为与制度设计及监管

第一,机构投资者有动机持有成为融资融券标的上市公司的股票。从公司内部治理角度,融资融券标的的企业可能会产生约束机制并且对企业行为产生影响，约束了经理人的行为（Massa et al.，2015）[21]，规范控股股东私利（陈胜蓝和卢锐，2018）[22]，企业很有可能为了避免潜在的被卖空风险带来的声誉损失、股价下降等利益损害，而产生提前反应，优化企业战略、财务披露信息，强化内部治理，预防卖空标的风险。因此融资融券业务的开展有可能通过公司治理优化，降低持股风险，提高机构投资者持有标的股票的可能性。其次，从信息的不对称程度来看，融资融券政策既具有内部信息治理作用，又具有外部信息治理作用。内部信息治理作用体现在企业管理当局会强化信息披露的程度，外部信息治理作用体现在降低了财务分析师的盈余预测偏差（李志生等，2017）[23]。由于融券交易具有信息传递模型的特征，使得不利于企业的信息容易被公开或披露（Karpoff and Lou，2010）[24]，加速了信息传播的速度和效率。第三方或机构本身由于做空收益而更有动机挖掘隐匿信息，寻找沽空价值信息，从而使得外部的机构投资者可以更加清晰地做出判断和决策。另外，从卖空机制角度，卖空者卖空决策的做出需要支撑，因此他们会对公司的不利信息和不当行为进行收集挖掘，加速企业的风险暴露。因此卖多卖空是一对可以对冲的机制，他们共同从企业治理和信息披露角度提高了机构投资者的关注程度，提高持有标的的动机。

第二，机构投资者在融资融券政策下的行为中的非理性成分会得到抑制。当证券市场中股票的资产定价水平高于自身基础价值时，如果没有做空机制作为补充对冲持有风险，乐观的投资者可能会持续炒作并进一步推高价格。风险来临时只能通过群体性抛售来避免进一步的损失，发生同侪行为，并带来市场性风险。卖空限制很可能阻碍市场调节，影响价值回归的时间周期（邓学斌和胡凡，2021）[25]。政府允许进行融资融券设计，相关部门按照宏观经济和资本市场具体情况分批调入标的，会通过允许做空完善机制，并且抑制机构投资者同侪行为。在一定的风险偏好和时间范围内，机构投资者有限理性行为，是以追求收益最大化为持股动机的（胡奕明等，2020）[26]。如果上市公司的盈利能力堪忧而机构发生同侪行为相继持有，可能是处于炒作套利的目的。另外，具有高换手率的股票更有可能存在题材炒作，并且与情绪相关（何诚颖等，2021）[27]，融资融券政策是否对于机构投资者持股动机的这一现象同样产生抑制作用，是本书第 6 章研究的内容之一。

故提出假设 6-1：机构投资者的有限理性行为中的非理性成分受到监管政策的规制。以同侪行为受到融资融券政策抑制举例，对于机构投资者持股动机中的炒作成分也同样具有抑制作用。

2.5　本章小结

第 2 章为本书的理论基础。具体介绍了机构投资者、有限理性的相关概念及理论；具体来说，对相关理论前景理论和信息不对称理论，包括理论的形成、内容、特征以及适用性等方面进行了较为详尽的论述；根据理论基础，对机构投资者有限理性行为进行了定义。

本章在梳理理论后进行机制分析。首先从机构投资者作为企业外部股东、市场参与主体和政策监管对象三重身份角度，分析了机构投资者的投资决策出发点，并从纾困企业融资、引领市场投资和归属政府规制的落脚点，进行分析梳理，基于前景理论的决策特征和信息不对称的现实环境，得到具体实证对象。针对机构与企业，主要研究机构有限理性行为面对企业战略风险能否规避；机构有限理性行为面对企业价值创造是否具有偏好一致性。针对机构与市场，主要研究机构有限理性行为下的持股行为对市场产生影响；机构有限理性行为下的私有信息传播也对市场产生影响。针对机构与政策监管，主要研究融资融券政策对机构投资者的有限理性行为中的非理性部分是否具有抑制作用。

第 3 章

机构投资者有限理性行为现状分析与多维测度

本章通过机构投资者现状分析，以及机构投资者与企业、市场和政府监管等外部环境的现状，寻找机构投资者有限理性行为的测度工具，构建网络系统，并对机构网络中的普遍持股、聚类持股、网络复杂熵、网络结构熵进行测度分析。同时，使用 LSV 模型对同侪行为进行同侪的买入卖出方向性测度。多维度的测度为下文中不同的实证需求和问题研究提供了多角度的选择，分别为解决不同的问题服务。

3.1 机构投资者现状分析

1999 年我国政府允许国有企业及国有控股企业、上市公司的机构资本进入股票市场，这一过程中以政府推动为主要力量，它标志着我国市场交易的主体在结构上开始有了机构投资者，随着这二十多年来的不断发展，机构投资者的队伍不断壮大，我国的证券市场也逐步开始从以个人投资者为主迈向以机构投资者为主的过程。

3.1.1 发展阶段

在我国初级资本市场中，并不存在机构投资者，市场中的投资者是散户。而 20 世纪 70 年代，西方主要资本市场相继出现了证券投资机构化的投资结构。为了进一步完善我国的市场投资结构，保障投资者合法权益，促进证券市场健康、稳定发展，20 世纪 90 年代中国开始借鉴主要成熟资本市场的经验和模式。1997 年由国务院批准，当时的主管部门国务院证券委员会[1]出台《证券投资基金管理暂行办法》，标志着中国证券投资基金开始迈入资本市场的历史舞台，证券投资基金行业在政府的推动下正式起步。1999 年，主管部门进一步借鉴国际资本市场中公募基金的制度设计和发展经验，推动清理不规范的"老基金"，同时批准成立了第一批规范基金，该事件也标志着机构投资者正式成为资本市场中的重要组成部分，成为发展中国特色的资本市场的重要投资主体之一。

2000 年，中国证监会首提"超常规发展机构投资者"，出台《开放式证券投资基金试点办法》，自此中国的基金行业开始从封闭式基金转变为开放式基金。随着政策的宽松和鼓励，机构产品种类不断增多，规模持续扩大，丰富了我国的资本产品市场。2002 年，经过长期酝酿的《合格境外机构投资者境内证券投资管理暂行办法》落地实施，作为过渡性制度安排，合格境外机构投资者（QFII）制度标志着我国资本市场对外开放的新格局。机构投资者多样性有利于引入竞争机制，完善结构设置。经过一系列的制度安排，我国的机构投资者进入繁荣发展的二十年，如图 3-1 所示。

图 3-1 中条状图为沪深 A 股所有机构投资者持股总值（万亿），图中两个比值中，第一个比值为广义的机构投资者持有沪深 A 股发行在外流通股比例。考虑到企业法人自身有关禁售监管规定。法人资本与其他机构二者持股目标和战略不同，二者市场角色和任务不同，二者成立方式和资金来源不同，二者持股比例和对企业股东监管方式的不同等，法人资本与我们定义的企业外部机构投资者是具有本质不同的，因此在第二个比值中予

---

[1] 国务院证券委员会是我国管理全国证券市场的专门政府机构。该机构于 1992 年 10 月在北京成立，1998 年 3 月撤销，其工作职能由中国证券监督管理委员会承担。

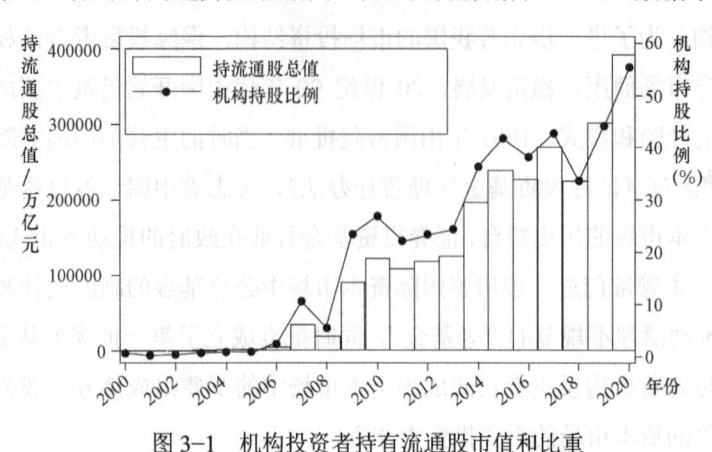

以剔除，二者的时间趋势大致相同。以上原始数据从 Choice 数据中获取❶。

图 3-1　机构投资者持有流通股市值和比重

从数量上来看，机构投资者（含企业法人）持有上市公司发行在外流通股总值由 565 万亿元上升至 392126 万亿元，机构投资者（含企业法人）持有上市公司流通股比例从 2000 年年末的 0.56%上升至 2020 年年末的 55.44%。虽然在发展的过程中数值并非一路向上的，但是总体上是在波动中增长。机构投资者数量上的发展并非受到单一因素的影响，宏观经济、政府调控、市场走势、海外因素等诸多因素都会影响到机构投资者数量上的成长。另外数量的上升并不一定是质量的上升，我国提出的高质量发展，是全面的发展，也包括了资本市场投资者结构趋于合理，数量增长建立在高质量发展的基础上。目前，从数量上来看机构投资者达到了历史峰值，我国 A 股市场中的投资者结构发生了改变，逐步从散户市向机构市的方向发展。

从发展速度上来看，各个阶段并不平均，2004 年 1 月 31 日国务院印发《国务院关于推进资本市场改革开放和稳定发展的若干意见》，提到要鼓励符合规范的资本进入市场，重点发展机构投资者，鼓励保险资金进入，

---

❶ Choice 数据：该数据库是东方财富旗下专业的金融数据平台。它提供了股票、收益、理财、宏观等数据信息，实现了数据检索、提取、统计、分析，为金融投资机构、研究机构、学术机构等用户提供专业的资讯服务。

提升社会保障基金比例、企业补充养老基金及商业保险资金投放等，并要求培养一批专业性更强、诚信守法的机构投资者，发挥基金管理公司和保险公司的优势。2008年受到全球金融危机的影响，我国机构投资者投资的相对数和绝对数都有明显下降，但是2009年证券市场开始了快速反弹，快速的恢复离不开我国宏观经济快速发展，改革开放的红利不断释放，人民财富不断积累，机构集合理财产品快速发展。我国资本市场的结构开始呈现多样性。2010年所有机构投资者持股比例为26.79%，达到一个相对峰值，之后迎来一个调整期。2010年11月16日国务院转发《关于依法打击和防控资本市场内幕交易的意见》，并要求各部委联合出手，依法打击资本市场内幕交易。2011—2013年中国证监会等监管机构实施了严厉的监管措施，监管新政不断，针对机构重投机而轻投资、内幕交易盛行等违法违规行为立案。2014年监管部门施行一揽子改革政策，同时启动了创业板。在宽松的货币政策的宏观背景下，机构投资者又开始了蓬勃发展，表现为持股比例的持续提高，截至2015年牛市，总持有流通股比例达到41.81%。中国股市进入了震荡期，机构投资者伴随着市场波动继续发展，总体上呈现明显的上升态势。

2015—2016年，中国股市经历了数次巨幅波动，"黑天鹅"事件的背后是市场中大额资本的同侪行为，而该类大额资本交易正是机构投资者的资本量特征，政府多次运用国家队资本进入股市维稳。2018年《关于规范金融机构资产管理业务的指导意见》中明确的穿透式监管，意在加强监管力度，该意见明显不是针对个人投资者，而是规范机构投资者的资管产品，是监管趋于严格的标志。更严的监管体系下的发展，才可能是高质量的发展。机构投资者迎来了更加规范有序的发展阶段。

3.1.2 构成结构

目前我国A股流通股资本市场中投资结构主要有一般法人、个人投资者、合格机构投资者。其中一般法人即产业资本，法人股存在禁售锁定期，流通性较差,因此市场中的流通主体由个人投资者和合格机构投资者构成,具体又包括境内机构投资者和境外机构投资者。如图 3-2 所示。

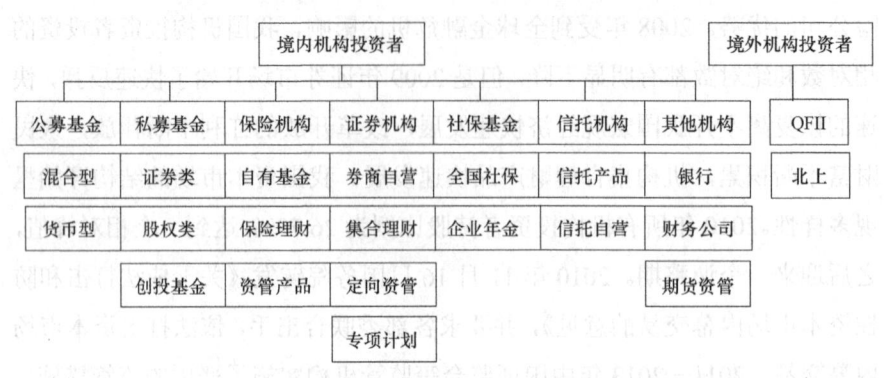

图 3-2 机构投资者结构图

随着 2013 年全国社会保障基金的正式入市,境内机构投资者的结构日渐完善。为了进一步完善结构多样性,学习国际经验,促进金融开放,实现多层次发展,监管层先后通过了 QFII、RQFII 等引进了境外机构投资者,逐步形成了目前的机构投资者基本结构。近几年来,机构投资者经过了调整,继续保持发展,持有企业发行在外流通股比例总体趋势不断上升,并伴随着中国股市一道在波动中继续前进。以 2021 年第一季度最新数据为例,如图 3-3 所示。

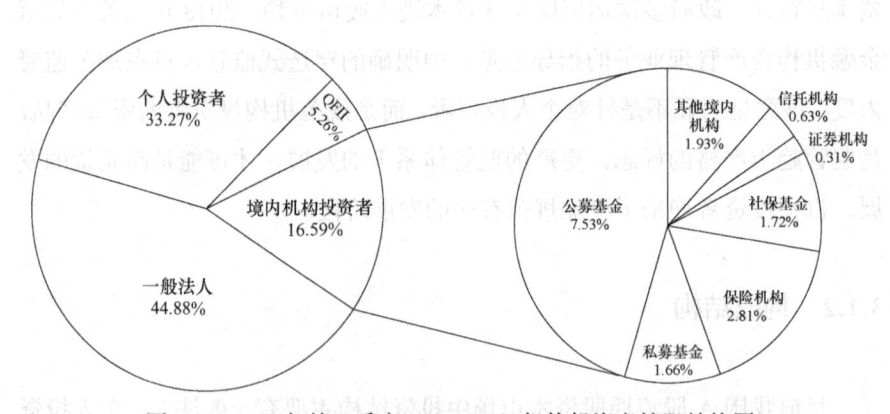

图 3-3 2021 年第一季度(2021Q1)机构投资者持股结构图

图 3-3 为 2021 年第一季度市场结构图和机构投资者结构数据饼状图。2021 年第一季度个人投资者市场占比为 33.27%，机构投资者市场占比为 21.85%。其中在境内机构内部结构中，公募基金占比最高，为 7.53%；保险机构次之，为 2.81%；其他境内机构如财务公司、期货公司资管等为 1.93%；社保基金为 1.72%。在机构投资者总体比重中公募基金具有绝对优势，大约占了机构投资者整体持股比例的三分之一。相对于私募基金来说，公募基金的发展时间更长，更加规范化，受众更广泛，市场认可程度也较高。具体来看，近些年各机构投资者的持股结构变化如图 3-4 所示。

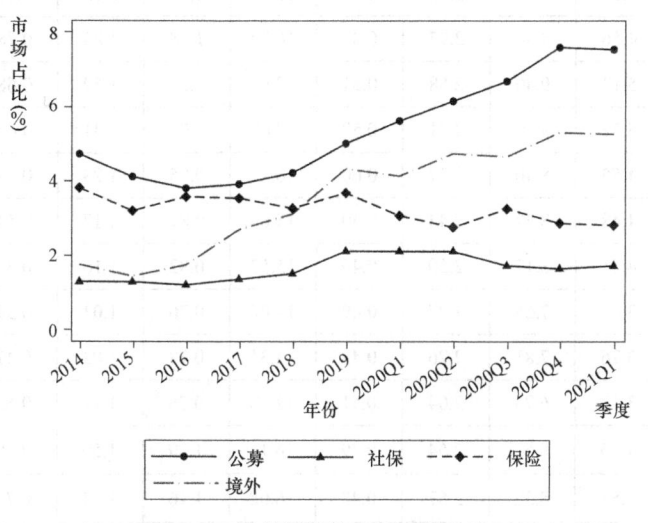

图 3-4 部分机构持有流通股占比

注：图中 Q 代表季度，2020Q1 即 2020 年第一季度，下同。

公募基金持股比例逐年上升，进一步说明该类机构的选股能力和产品收益得到了市场的认可，与保险基金的差距进一步拉大，公募基金正成为机构投资者持股主体。自 2019 年划转部分国有资本充实社保基金，其在数量上也在上升，近些年来较为平稳。社保基金的资金安全关系到国计民生，基本呈现出一种稳中有升的趋势。境外投资者活跃，持股比例有所上升（该部分数据来源为 Wind 数据库、中国证券投资基金业协会、华西证券研究所披露数据）。除了上升的机构持股以外，两类机构持股比例持续下降，如表 3-1 所示。

表 3-1　政府类机构和通道业务类机构持有流通股占比

时间	政府类机构持股占比					通道业务类机构持股占比			
	财政部	汇金	证金	中证	合计	私募	信托	券商	合计
2017Q1	4.75	9.04	2.36	0.54	16.69	1.15	1.82	1.00	3.97
2017Q2	4.55	8.56	2.89	0.44	16.44	1.36	1.88	1.08	4.32
2017Q3	5.09	9.45	2.76	0.40	17.70	1.57	1.97	0.96	4.50
2017Q4	4.76	8.77	2.98	0.53	17.04	1.80	2.16	0.97	4.93
2018Q1	5.01	9.18	2.88	0.36	17.43	1.77	2.15	0.87	4.79
2018Q2	4.56	8.48	2.97	0.33	16.34	1.58	1.85	0.78	4.21
2018Q3	5.13	9.40	2.58	0.51	17.62	1.21	1.59	0.68	3.48
2018Q4	5.22	9.39	2.51	0.57	17.69	1.04	1.41	0.65	3.10
2019Q1	4.55	8.40	2.57	0.60	16.12	0.95	1.23	0.47	2.65
2019Q2	4.48	8.27	2.44	0.50	15.69	0.87	1.17	0.54	2.58
2019Q3	4.41	8.17	2.50	0.49	15.57	0.82	1.16	0.49	2.47
2019Q4	3.61	7.65	2.27	0.49	14.02	0.76	1.03	0.59	2.38
2020Q1	3.76	7.81	2.26	0.48	14.31	0.73	1.03	0.47	2.23
2020Q2	3.18	6.75	2.04	0.41	12.38	0.76	1.11	0.62	2.49
中位数	4.56	8.52	2.54	0.49	16.11	1.09	1.50	0.66	3.25
平均数	4.51	8.52	2.57	0.48	16.08	1.16	1.54	0.72	3.42

注：数据来源为 Wind 数据库（以下简称 Wind），京东数字科技。

表 3-1 中第一部分为政府类机构持股占比，包括财政部、中央汇金投资有限公司（汇金）、中国证券金融股份有限公司（证金）和中证金融资管计划（中证）。其中汇金代表国家行使出资人权利和履行出资人义务，以持有国有重点金融企业股权为主，实现国有金融资产保值增值；证金是唯一的境内开展转融通业务的专门机构，它为证券公司的融资融券业务进行相关配套；中证成立于 2015 年，是证金通过委托多家基金公司管理的资管计划，旨在稳定金融市场。以上四大政府类机构在进入 2019 年后，持股占比

普遍低于中位数和均值，并呈现持续下降的态势。这与2015—2016年证券市场的大幅度动荡逐渐企稳，相关"国家队"资本逐步退出存在关系。另外从数据来看，快速下降的是财政部和汇金，与2019年国有资本划转充实社保基金等实时原因有关。跨业通道业务为委托人（商业银行），使用表内资金或者是代理资金等，以第三方机构为受托人，借助信托、券商、保险等机构作为通道，设立一层或嵌套的投资产品为客户提供融资的交易安排。伴随着部分金融无序创新，通道业务为多层嵌套提供了便利，相关产品往往具有较高风险，或者底层投资者、底层资本来源不清。2018年《关于规范金融机构资产管理业务的指导意见》发布后，当年第三、四季度中，三类通道业务快速收敛，随后其规模不断缩小，实现了实质性压缩。

3.1.3 行为特征

1. 机构投资者行为上呈现网络化特征

在社会组织中，决策者并非独立个体，而是存在于与社会网络的互动与协作中。其具体的决策行为会受到网络中其他个体行为的影响。随着金融机构相互间资产负债链条的日趋复杂，机构之间并不是一个个彼此孤立的点，而是一个彼此链接、相互影响的复杂金融网络。由于网络结构可以揭示事物内在联系，因此使用其作为研究工具来分析金融机构间的联动性和风险传染（肖欣荣，2012）[28]的研究思路在学界越来越受到重视。同时，金融行为研究中的网络特征也引起了海内外业界的广泛关注，时任英国央行金融稳定事务执行董事的安德鲁·霍尔丹（Andrew Haldane）在2009年谈到，金融网络是一把"双刃剑"，当冲击控制在某范围内节点之间的相互关联能吸收外部冲击，金融网络具有分散风险的能力。但是当冲击超过该范围，节点之间的关联就成为系统性风险的"放大器"。2013年时任美国联邦储备委员会主席的珍妮特·耶伦（Janet L.Yellen）曾在经济学年会上认为非常复杂的金融网络可能会引发全球金融市场系统性风险。目前的研究进程较慢，结论尚存争议，还不足以解释日益复杂的金融市场系统性风险的影响。业界和监管机构越来越重视行为网络研究在金融市场研究中的重要作用。

机构投资者个体共同存在于同一个资本市场和宏观环境，面对类似的公开信息，并具备独特的私人信息。他们通过共同关注或者持有产生行为、信道传播，具有网络特征。这一特性也引起了我国学界的关注，针对网络特性进行机构投资者的行为研究时，发现它对资产定价（张学勇和吴雨玲，2018）[29]、风险传播与传染（吴田，2018）[30]、资本市场的跌幅较大（刘笑霞和狄然，2019）[31]产生了重要影响。机构投资者行为的网络特征对我国经济和金融市场产生了外溢和冲击（郭晓冬等，2020）[32]。通过网络的搭建和网络技术的应用，可以呈现机构投资者的行为链接、小世界性、抱团等同侪效应、网络密度和结构等特性，有助于行为学的微观测度与分析。而基金等机构通过网络系统传播信息，进行交流并获取信息优势，该信息优势支撑了他们的投资策略。机构投资者的这一交流和持股过程，某种程度上也是市场中资本定价的形成过程，也就是社会网络可能会导致信息流向资产价格。机构投资者网络不仅是其传播私人信息的主要渠道，还是机构之间投资策略制定、交易行为选择的重要影响因素，这些因素最终将对交易量、股价波动、资产定价和盈利性等产生影响。这一行为特征是传统的、扁平化的、单一的持股类数据难以表达的。

2. 价值投资与投机投资并存

目前我国经济正处于从新兴市场向成熟市场转轨的关键发展阶段，在向高质量发展转换的过程中具有经济增速放缓、资产价格上涨、流动性过剩和货币贬值等基本特征。在这一新背景下，价值投资的重要性日益凸显，资本市场有助于将社会积累的资金投入市场进行效率分配，进入流通环节促进再生产作用。因此市场是价值投资的还是投机投资的，关系到效率分配能否得以实现。另外，该问题还关系到市场的稳定性和金融安全。例如，2008年的世界金融危机和2015—2016年我国股市的异常波动，引起了全社会的关注，有关部门纷纷出台相关监管规定，在市场调节失灵的时候发挥政府作用。数次市场的异常波动都说明重视价值投资理论和实践任重而道远。如果使用一个简单的指标来看这一问题，那么换手率或者持股周期是一个重要的指标。换手率过高或者持股周期较短造成资产定价负增长很可能与流动性溢价无关，而是投机性交易造成的（张峥和刘力，2006）[33]，投机往往具有短期性，而价值回归往往意味着相对的长期持有（王一鸣和宋夔娜，2021）。通过数据观察，目前我国股市结构中各投资者持股的周期具有较大差别。

如表 3-2 所示，从数量上看，个人投资者的持股周期普遍较短，而机构投资者的持股周期普遍更长。其中个人投资者的持股资金量决定了他们持股周期的长短，持有资金量越大的个人投资者，其投资策略越谨慎，越不容易倒换仓位。机构投资者中，以通道类业务为主的机构持股周期相对较短，尤其是私募基金 2019 年持股周期平均为 17.8，投机性较强，公募基金、基金专户、企业年金等主要机构持股周期相对处于中等水平，相对持股周期较长的是 QFII 和全国社保基金，表现出谨慎性。从发展趋势上看，中小散户近年来持股周期普遍拉长，比之前的表现成熟。通道资本持股周期则更加短暂，并且变化明显。保险基金的持股周期明显变长。其他主要机构的持股周期有增有减，变化不大。这说明市场中存在非理性交易者，该投资者群体以噪声交易、短期持股为主，或者获利卖出或者快速止损为主；也存在相对的理性交易者，该投资者群体持股或者不持股是有原因的，不会因为短期收益或者亏损而卖出资产，从这一点上看，机构投资者内部也具有异质性特征。

表 3-2 机构投资者账户持股周期

		2016 年	2017 年	2018 年	2019 年
个人投资者	散户	19.7	26.1	20.7	24.4
	小户	17.6	20.8	17.6	19.6
	中户	17.8	21.3	19.5	19.5
	大户	18.9	22.7	22.0	20.9
	超大户	20.6	25.4	29.8	25.0
通道机构	私募	20.0	24.3	20.3	17.8
	信托	37.7	52.4	61.3	57.4

续表

		2016年	2017年	2018年	2019年
通道机构	券商资管	35.5	60.7	50.8	49.5
	券商自营	56.7	48.6	44.5	21.6
主要机构	保险	71.6	71.8	90.8	93.2
	公募	40.7	52.8	52.4	50.5
	基金专户	53.9	92.4	63.8	63.5
	企业年金	38.8	49.5	57.1	43.7
	QFII	62.4	71.7	70.4	94.6
	社保	90.6	99.6	96.3	110.5

注：数据来源为 Wind、京东数字科技。

3. 伴随市场环境变化存在同侪效应

在经济学研究中，"模仿""羊群"等行为被归纳为同侪或同伴影响效应（peer influence effect），它可以描述个体的行为和态度在彼此之间的扩散，并最终使得一个群体间相应的行为和态度趋同（焦媛媛和李宇航，2021）[34]。在资本市场中，机构投资者的非价值投资行为存在明显的同侪效应趋同（Beatty et al.，2013）。

近些年来，关于机构抱团持股、板块是抱团优势、个股为抱团题材的说法引起了社会的广泛关注。抱团是指机构投资者不断地加仓某些板块，直到相对集中持有某些板块，不随意进行调仓和换仓的投资策略。抱团行为体现为在个股上持有类似的股份，在价值认可中具有类似的态度，是机构投资者行为趋同、同侪行为的体现，具体如图3-5所示。该图展现了2007—2019年公募基金热衷的投资题材，可以看到在每一个时期，我国的机构主体基金都存在偏好，2007—2010年，在四万亿货币投入后，信贷放量的背景下出现机构加仓金融类股票。随着中央工作会议提出的"保持合理的社会融资规模"，社会融资增速转为负值而结束。2010—2012年，在全球大宗商品上涨、通货膨胀加剧的背景下，出现机构加仓消费类股票的现象，后随着2012年白酒塑化剂事件而迅速结束。2012—2015年，在"互联网+""工业 4.0"等战略背景下，随着信息科技的发展，TMT 类股票的机构持有数量快速上升，成为机构最偏好的配置。随着 2014 年证监会宣布实施《上市公司重大资产重组管理办法》，2015 年并购政策收紧而结束。2016 年至今，伴随供给侧结构性改革和高质量发展的新宏观背景，机构开始偏好核心资产中的消费类股票。由被偏好的板块的资产价值往往会偏离估值可以看到，机构抱团性的投资行为导致了内部同侪影响效应，该效应很有可能发生个体间的扩散，由机构内部向外溢出，导致市场整体的轮动。

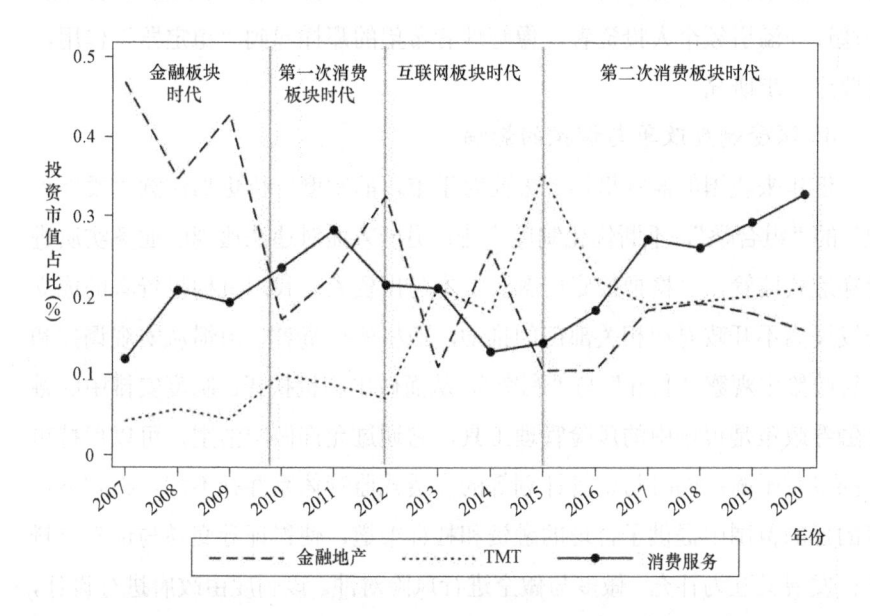

图 3-5 以公募基金为例的同侪影响效应时序

注：数据来源为 Wind、招商证券。TMT（Technology、Media & Telecom）为科技、媒体及通信的英文缩写。

机构投资行为的这一特征可能是对个别上市公司价值的真正认可，也可能是某些以套利为目的的投机活动（Musciotto et al., 2018）[35]，还可能因为市场不景气进行的集体取暖行为或其他原因。投资者作为大规模持股的交易群体，具有资金量、专业技能和私人信息等优势，相对个人投资者，该类行为会对市场产生巨大的影响，其类似行为则更值得进一步研究和论证。例如，抱团等同侪行为很可能体现为机构间在持股中默契的同进或同出，而这种类羊群效应在金融行为学中，被认为是金融市场不稳定性和脆弱性的重要影响因素。我们可以通过图3-5看到，机构投资者在行为上很可能具有集群化的特征，持股行为可能具有相似性，私人信息传播存在网络信道。

总之，机构投资者在同侪影响效应下，是否能够有限理性地认知交易信息并进行处理，准确地解读市场和上市公司的"信息隐藏"，并通过更高的信息搜集和获知能力甄别上市公司业绩优劣，从而支持决策过程的问题，并通过外溢引领个人投资者，像管理者希望的那样起到"稳定器"作用，需要进一步研究。

4. 深受制度改革与调控的影响

近年来我国的监管机构一方面对于市场的制度安排更加注意"柔性处理"的"组合拳"，不断优化制度安排；另一方面对违法违规的业务实质进行穿透式监管，严格把控底层融资资本与出资人。我国机构投资者的成立与发展离不开政府和相关部门的推动，而机构投资者也习惯从宏观调控和监管政策中观察"利好"与"利空"，从而做出相机抉择。制度安排中的融资融券政策是市场中的风险管理工具，它通过允许做空沽空，可以保持市场的多空平衡；同时与资管计划等的穿透式监管体系并行不悖，在官方许可的标的范围中提供合理的融资和杠杆渠道，使得证券交易与证券借贷平行发展又互为补充，做多与做空进行风险对冲。该制度由政府进行设计，又由相关部门进行许可式管理。上市公司成为融资融券标的之后，并非一成不变的，存在标的的调入和调出，相关部门根据市场环境、机构投资者行为特点和金融系统性风险等的需要进行调节和监管。表3-3展示了相关政府部门对于融资融券的各个执行阶段，也包括了融资融券的六次扩容。扩容的过程，就是标的的调入过程，可以看到机构投资者深受制度改革与调控影响的特点，如图3-6所示。

第3章 机构投资者有限理性行为现状分析与多维测度

图 3-6 融资融券的规模

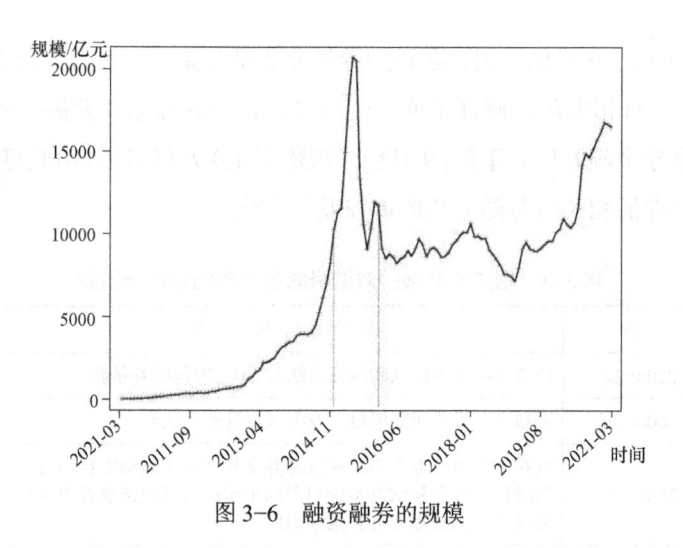

3.2 行为网络构建与分析

　　融资融券，是指证券、基金等有关机构向申请人提供资金借出供其买入证券或者提供有价证券供其卖出的经营项目。对于申请人而言借入资金购入债券或者借入债券获取资金的交易活动叫作融资融券交易，而对于机构投资者而言则其从事的是融资融券业务。以机构视角从资金方向上来看，向申请人提供资金供其买入证券的过程叫作融资业务；向申请人提供证券供其卖出获得资本的过程叫作融券业务。从融资融券交易的本质来看和方向来看，其最大的特点就是杠杆资金和做空机制。由于该业务的市场特点，如表 3-3 所示，从 2010 年 3 月我国融资融券业务正式开展以来，相关部门紧跟经济高质量发展和相应宏观调控的总体要求，结合资本市场的实际情况进行调节调控和监督管理，先后进行过六次扩容，开展"两融"（即融资融券）的标的数量从 950 只提高到 1600 只。2015 年由于场外配资严重，多次收紧过"两融"政策，融资融券的规模随即断崖式下降。由图 3-6 可知，随着政策的"松绑"，进入 2015 年我国融资融券余额快速攀升，于 5

75

月20日突破2.0万亿大关，融资融券的业务空前繁荣，股市综合指数也一再上涨；6月相关部门修订了业务管理办法，正式收紧"两融"政策，随即融资融券余额断崖式下降，9月已经跌落至1.0万亿以下。由此可以看到，机构投资者的相关业务随着政府调控发生变化。

表3-3 相关政府部门对融资融券业务的调控与监管

阶段	时间	相关政策
启动阶段	2005-10	修改《中华人民共和国证券法》，加入融资融券条款
	2006-06	发布《证券公司融资融券业务试点管理办法》
	2006-08	发布《上海证券交易所融资融券交易试点实施细则》和《深圳证券交易所融资融券交易试点实施细则》《中国证券登记结算有限责任公司融资融券试点登记结算业务实施细则》
	2008-04	出台《证券公司监督管理条例》《证券公司风险处置条例》
	2008-10	证监会正式宣布启动融资融券试点，组织11家券商等机构参与融资融券联网测试
发展阶段	2010-03	融资融券首批6家试点券商，进入市场操作阶段
	2011-12	融资融券标的第一次扩容
	2013-01	融资融券标的第二次扩容
	2013-09	融资融券标的第三次扩容
	2014-09	融资融券标的第四次扩容
	2014-11	证监会审批权取消，融资融券业务松绑
限制阶段	2015-01	12家券商在"两融"业务中违规，提高"两融"资本门槛
	2015-02	叫停券商代销伞型信托和P2P业务，收紧"两融"
	2015-04	叫停场外股票配资和伞型信托，加强监管
	2015-06	修订"两融"业务管理办法、提高保证金；严禁场外配资，收紧杠杆
	2015-11	根据证监会要求，两交易所上调高融资保证金比例
重启阶段	2016-12	融资融券标的第五次扩容
	2019-08	6家基金公司获批转融通业务；转融资费率下调80个基点；修订交易实施细则，进行融资融券标的第六次扩容
	2020-08	曝光并处理258家非法从事融资融券的运营机构，规范融资融券
	2020-09	通过配套办法，允许境外投资者参与融资融券、转通融业务

第3章 机构投资者有限理性行为现状分析与多维测度

社会中的决策者是在社会网络的互动与协作中做出决定的，其行为决策不能保持绝对的独立性，会受到社会网络中其他决策个体行为决策的影响（Granovetter et al., 1985）[36]。人类作为社会物种，在研究和建立人类的行为模型时不能忽视其相互作用的行为机制，应该重视其社会属性（Jackson, 2019）[37]。从发展阶段、构成结构和行为特征等现状来看，也不能忽略机构投资者同处于一个资本市场，面对同样的信息不对称，具有类似的私有信息状态下的联系性和相关性。基于复杂网络的构建，可以运用社会网络分析法研究机构投资者的关系结构和特征，通过对关系进行量化来表征行为关系。可以对节点、边、度、中心性等网络构成进行关系分析；可以通过图聚类对行为的同侪效应进行模块化分析；也可以通过测度对行为网络的复杂性和结构性进行测度，从而研究机构的行为链接和信息传播的渠道。网络系统作为由节点和节点关系所构成的社会结构，是基于交互节点之间的关系的重要性假设（逯苗苗和宿玉海，2021）[38]。另外，前景理论和信息不对称理论缺乏对群体决策的描述，而西蒙在后期的研究中也将有限理性概念从个人迁延至社会范围，有限理性的讨论范围开始从个人发展到集体，网络系统提供了一个关于建立联系的有效工具，可以运用社会网络的方法分析行动者关系（刘军，2004）[39]。

网络构建的基本思路为数据处理、特征分析和（包括LSV在内的）测度指标三个阶段，如图3-7所示。

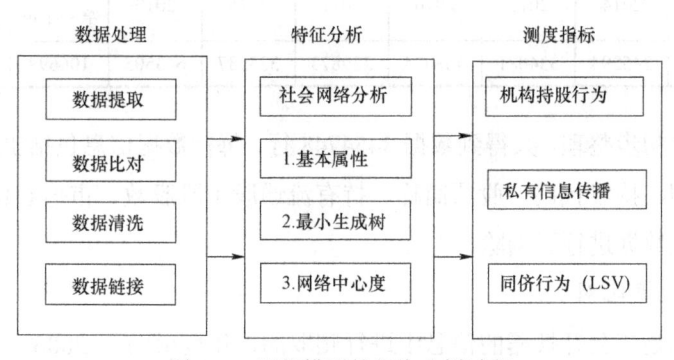

图3-7 网络模型的行为分析过程

3.2.1 网络系统构建

1. 数据提取

机构投资者的持股行为是机构投资者在有限理性下进行决策的最终显化,是决策的最终结果。因此本书使用持股数据构建网络。在样本选取中,由于 2006 年后我国企业会计制度和审计准则存在较大差异,因此本书选择 2006 年为研究的起始年份。本书原始数据来源于巨潮网❶。该网站平台提供了上市公司的公告、资讯、股东大会网络投票等公开信息。使用 C# pdfbox 对企业的年报、中报、季报和基金报告进行爬取,并对网络中公开的 pdf 文档进行数据解析,将流通股持股机构进行整理。由于本书研究资金市场中的机构投资者,而产业资本持有的流通股需要受限售监管,流动性差,且二者持有目的并不同,因此在数据中进行剔除。由于中金、汇金等"国家队"的使命不同,为了统一样本标准也予以删除。最后得到的季度数据量按照年度汇总季度合计,如表 3-4 所示。

表 3-4 机构投资者行为原始数据

年份	2006	2007	2008	2009	2010	2011	2012	2013
数据行数	46510	71524	80146	101812	131016	154221	193812	209685
年份	2014	2015	2016	2017	2018	2019	2020 年第一季度	合计
数据行数	245294	334081	463034	339873	333537	643505	106698	3454748

经过初步整理,共得到数据 3454748 行。每行数据信息包括机构名称、机构类别、持股代码、股票简称、持有流通股个股股数、市值和比例,对其他无关数据进行了剔除。

2. 数据比对

数据是在公开披露的信息中进行爬取的,年度横跨了 2006 年到 2020

---

❶ 巨潮网:中国证监会指定上市公司信息披露网站。

年，时间期限比较长，由于数据获取的前后可能存在基金调入调出，或者具体名称可能存在出入，即名称不相同但实际为相同基金，需要对数据信息进行数据比对，获得更加精确的机构投资者相关的行为数据。

3. 数据清洗

由于该组原始数据具体来源为对官方规范披露数据的解析和提取，信息披露数据有规范化的模板和相关细则，因此清洗工作较少，剔除缺失值、无效值，将数据进行初步整理，按照股票代码、持有该代码的机构及持有的具体数据信息进行对应。

4. 数据链接

根据数据构建矩阵。具体定义为：如果两个机构持有同一只股票流通股并且比例超过阈值，则两者之间建立连接，记为 1。由此建立大型邻接矩阵 $M_{N \times N}$，其中矩阵元素 $X_{i,j}$ 表明机构共同持有股票数量，反映出二者在持股相似性上的关联度，数值越大，则权重越大。该网络在拓扑结构上是无向权重网络。矩阵中的元素 $X_{i,j}$ 赋值为

$$X_{N \times N}[i,j] = \begin{cases} \sum A, & A = 1, \text{ if } (v_i, v_j) \in E \\ A, & A = 0, \text{ if } (v_i, v_j) \notin E \end{cases} \quad (3.1)$$

式中，定点的集合为 $V=\{v_1, v_2, \cdots, v_N\}$；边的集合为 $E=\{(v_i, v_j) \in V \times V\}$。以频数 2 遍历数据后构成了网络系统，因此该网络为 $G(V, E)$。

3.2.2 社会网络分析

1. 基本属性

社会网络是社会行动者及其相互关系的表达，是根据数学方法和图论形成的定量分析的方法。它的研究对象并非行动者个体，而是行动者的相互关系。$M_{N \times N}$ 矩阵构成的网络为来自同一个群体内的行动者之间的关系，为 1-模网络。边与节点是最基本的关系属性。

图 3-8 为网络的节点与边随时间变化图，折线图显示机构投资者的行

为网络随着时间的变化而发生变化,体现为网络系统的节点、边、中心性等关系属性的变化,也包括复杂度和结构性的变化。由于2007年7月美国次贷危机导致国际市场爆发金融危机,2008年我国A股市场受外部环境拖累,上证综合指数从1月14日盘中最高点的5522.78点跌至1664.93点,下跌幅度超过65%;如果从2007年三季度最高点6124点算起则总跌幅超过72%,市值最高缩水22万亿。2015年6月,我国A股市场急剧下跌,从6月12日盘中最高点5178点,仅经53个交易日跌至2850点,总跌幅超过45%。根据我国十年来的上证综合指数走势,谢赤等[40]按照2007年6月、2009年12月、2015年5月三个时点,将其划分为金融危机前、金融危机中、股市震荡前、股市震荡期四个阶段,反映我国股市的宏观震荡。因此按照构建的3%的网络系统选择频数为2以上进行可视化,分别呈现两次危机前后的网络机构,分为金融危机前(2007年二季度)、金融危机后(2009年二季度)、跌幅较大前(2015年二季度)和跌幅较大后(2016年第二季度)。由图3-9可以看出,机构持股的网络基本结构与盘中震荡之间存在关联,具有规律性。

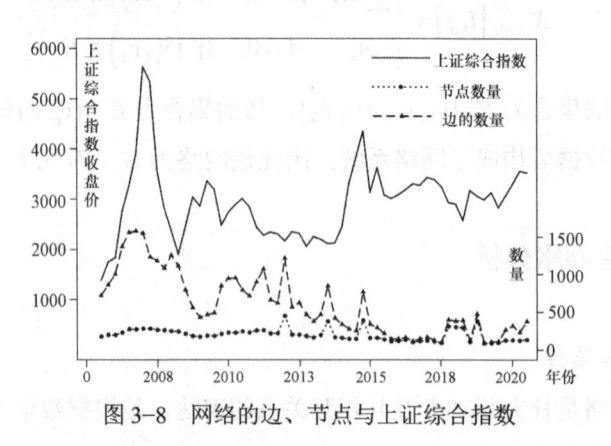

图3-8 网络的边、节点与上证综合指数

2. 最小生成树

按照谢赤等(谢赤等,2020)[40]的分类,我们将对应时间的网络进行可视化处理,分别观察在较为特殊的情况下,网络存在的特点。如前文行为网络$G(V, E)$演化过程所示,目前中国最大的两次股市震荡分别发生在

第 3 章　机构投资者有限理性行为现状分析与多维测度

2008 年金融危机期间和 2015 年 6 月。因此研究选取两次较大跌幅前后四个时点，如图 3-9 所示，（A）（B）（C）（D）对应不同时点。同时，以网络关系图为背景，使用最小生成树的方法挖掘拓扑结构图 3-9。机构投资者持有股票的矩阵数据中，权重越大，表明机构之间的距离越小、相关性越大。为了遵循 MST 计算规则，并达到作图能正确体现数据网络关系的目的，采用权值转化进行预处理。其中图 3-9（C）和图 3-9（D）的碎片化严重，因此调整了权重至少为 25。为使数据损失更少，我们在进行实际计算的时候采用的是网络关系图，数据比 MST 结构图更密集和准确。

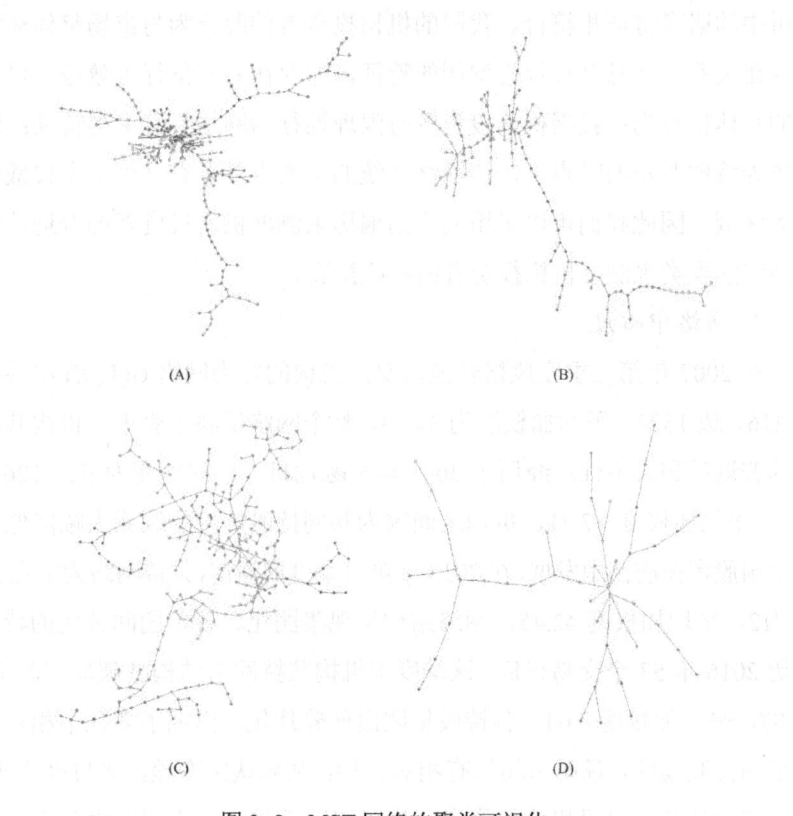

图 3-9　MST 网络的聚类可视化

在使用聚类算法后，针对不同的集群，我们采用不同的颜色进行了标记。从数据可视化角度观察，股票市场强烈震荡前后，机构投资者的网络结构也发生了很大变化。2007年股灾前夕，MST网络复杂，关联性强，说明机构共同持股的普遍性和集中性。经历了2008年金融危机，机构之间因为共同持股产生的联系大幅降低。随着中国股市在震荡中发展，在2015年第三季度较大跌幅前网络结构呈现集团化，各集团间分化的特征；经历2016年53个交易日后，该季度末MST结构被破坏，各持股集团出现碎片化，出现了多几个相对独立零星的持股集团，参与机构变少，网络变得稀疏和离散。

通过最小生成树的计算逻辑可视化之后，与我国机构投资者行为特征分析中的诸多特征相符合。我国的机构投资者持股行为与市场整体环境之间存在关系，并且具有行为抱团的特征，即存在着同侪行为效应。可视化后的具体特点为：我国机构投资者有限理性行为网络具有聚类特征；即使是较为特殊背景的时点下，该网络系统的聚类中总是有一到两个权威中心或者区域。因此我们可以采用网络的遍历来测度机构投资者的普遍持股，用网络的聚类来测度机构投资者的权威持股。

3. 网络中心度

在2007年第三季度风格转换前夕，机构的行为网络$G(V, E)$中共有节点216，边1523，平均加权度为34.43，整个网络反映了股市中机构共同持股的普遍性和集中性；经历了2008年金融危机，该网络变为节点126，边501，平均加权度17.71，机构之间因为共同持股产生的联系大幅降低；随着中国股市在震荡中发展，在2015年第三季度崩溃前，共持网络为节点332，边712，平均加权度42.45，网络结构呈现集团化、各集团间分化的特征；经历2016年53个交易日后，该季度末机构共持网络结构被破坏，节点56，边87，平均加权度7.64，各持股集团出现碎片化，出现了多几个相对独立零星的持股集团，说明市场只有相对共持，共同认定变差，参与机构变少，网络变得稀疏。可见机构投资者行为网络随着重要时点而发生重大变化，并且存在网络中心，也就是权威的机构投资者集团或集体，一般是机构投资者中的头部。该网络的表达具有与市场类似的逻辑性，符合用来测度机构有限理性行为的条件。

第3章 机构投资者有限理性行为现状分析与多维测度

通过数据可视化发现，在机构行为网络中，社保基金类的机构在季度复杂网络中往往处于节点位置，网络中心度较高。在复杂网络中，可以使用接近中心性（Closeness centrality）和图聚类来综合衡量。$G(V, E)$的接近中心度为

$$C_c(i) = \frac{n-1}{\sum_{j=1}^{n} d(i,j)} \tag{3.2}$$

式中，$C_c(i) \in \{0, 1\}$为参与者i的接近中心度；$d(i,j)$为参与者i和参与者j之间的最短距离。因此该公式度量了节点i是否容易与其他节点进行连接互动。$C_c(i)$越接近1，则说明该节点的互动性越强。

以两个典型时点为例：第一，以2006年第二季度［见图3-9（A）］金融危机前夕的复杂网络为例，216个节点（持股机构）的接近中心度$C_c(i)$的均值为0.4027，标准差为0.0568，中位数为0.4020，最大值0.5688，其中独立类机构占比为4.63%。独立类社保持股机构"全国社保基金一零四组合"的$C_c(i)$值为0.4920（排名14/216），唯一独立类QFII持股机构UBS AG的$C_c(i)$值为0.4604（排名32/216）。在2016年第二季度［见图3-9（B）］中，9家社保基金$C_c(i)$均值达到了0.4243，标准差为0.0383。其在图聚类中共分布在三个社区中。第二，以2016年第二季度［见图3-9（D）］跌幅较大后的复杂网络为例，56个持股机构的接近中心度的均值为0.4313，标准差为0.2717，与建仓期相比$C_c(i)$值的分布变得离散。其中9家独立类机构占比为14.29%，没有QFII重仓参与网络，说明了股市震荡期，QFII以短期策略为主，参与度低，无法起到稳定市场的作用，与朱相平和彭田田（朱相平和彭田田，2019）[41]对QFII的实证结论一致。独立类持股机构$C_c(i)$均值为0.3311，标准差为0.0618，相比市场总体网络，各社保基金$C_c(i)$值分布更好，在图聚类中共分布在六个社区中。通过以上数据可以看出，独立类持股以社保为主，在社区聚类中占据一定节点地位，但是在进场期间他们的共持网络更聚集，在萧条期间其相对其他机构不会离场，而是分散持有以达到持续盈利、规避风险的目的，这一点也与表3-2中的持股时间

相吻合。QFII 在重仓持股网络中相对存在感并不强。综上所述，在截面数据的样本初步分析中，机构投资者有限理性行为的网络数据与经济常识、行为特征等存在一致性，其持股特点并非一成不变的，而是根据外部环境进行演进和发展的，并且在网络系统中具有异质性的特点。总之，行为网络的关系属性体现为节点、边、中心度等要素，不同的时间，网络的构成要素不同，拓扑特征也发生了变化。

总之，机构投资者行为网络的基本要素随着时间与股市综合指数的波动存在经济含义上的合理性；网络可视化也呈现出一定的模仿、羊群等同侪行为效应，网络中存在权威中心，说明机构投资存在头部、权威集团或群体，网络的表达符合机构投资者的行为特征，具有一定的合理性和科学性。

3.3 机构投资者有限理性行为多维测度

网络在科学研究中变得越来越重要，它为许多现实世界的现象复现了整体模型。客观数据在复杂系统内相互连接与作用，使得网络科学能够更好地描述和模拟结构性状态，构建了社会网络分析思路，建模和预测各种系统性行为。网络性质与网络系统适合用来研究金融市场中的投资个体之间的关联。因此本书首先构建相关网络，来研究机构之间的行为链接和互动关系。

对机构投资者行为的传统实证研究经常使用持股比例作为其对上市公司认可度的指标，关于机构的认可最直接的表现就是增持，而不认可最直接的表现就是减持。在这一过程中，没有考虑机构并非作为独立个体进行持股决策行为的情况，因为机构普遍存在于同一个决策环境中，同样面对信息不对称，并且机构作为私有信息的优势群、作为同业存在传播传染的条件。使用本书构建的网络来测度机构投资者有限理性行为的代理变量则更加精确，也就是说，如果把整个资本市场看成一个网络，一个上市公司的股票得到市场的认可，那么它所产生的"边"将更加密集，或者以之作为"点"，则该点处于网络中更加重要的位置。从多维数据的角度进行分析，建立拓扑结构能更好地反映股市中的关系（Yin et al.，2020）[42]。本书按照以下步骤对机构投资者有限理性行为下的企业持有策略进行测度。

3.3.1 网络遍历与聚类

1. 普遍持有

当机构持有某上市公司的股票流通股比例超过1%时，则为普遍持有。当两个机构同时持有同一家上市公司的股票时，则构成链接（重仓持有是构成矩阵的唯一条件）$N(d_{i,j})$。

通过整理和提取，构成被代理变量之一——普遍持有，即上市公司 i 的有限理性行为下对企业的普遍持有策略权重公式：

$$\text{Groupown}_{i,t} = \sum_{j}^{n} \gamma_{i,j,t} X_{i,j} \tag{3.3}$$

式中，$\gamma_{i,j,t}$ 为网络中相关机构持有比例；$\text{Groupown}_{i,t}$ 刻画了机构投资者认可上市公司战略、价值的普遍性。$\text{Groupown}_{i,t}$ 越大，说明资本市场中的大多数机构投资者越倾向于持有策略，越具有偏好性。

2. 聚类持有

当机构持有某上市公司的股票流通股比例超过3%时，则为重仓持有。对 $G(V, E)$ 进行聚类测度，可以得到机构投资者中的权威团体认可上市公司战略、价值的权威性。

（1）Fast unfolding 算法。

Fast unfolding 算法又称为 Louvain 算法，由布隆德尔（Blondel）在2008年提出，用来解决社区学习的聚类问题（Blondel et al.，2008）[43]。该算法是基于模块化的启发式算法，计算效率较高，在网络中进行聚类会得到集群，将复杂网络切割为一个个集群的过程为模块化的过程。因此模块度 Q 的物理意义为社区内节点的连边数量与随机条件下边数量的差：

$$Q = \frac{1}{2m} \sum_{i,j} \left(A_{i,j} - \frac{k_i k_j}{2m} \right) \delta(c_i, c_j) \delta(u,v) = \begin{cases} 1 & u = v \\ 0 & u \neq v \end{cases} \quad (3.4)$$

式中，$A_{i,j}$ 为 i 与 j 两节点间的边权重；k_i, k_j 分别为节点 i, j 相连的边权重和；m 为全网络所有边的权重和；c_i, c_j 分别为 i, j 所属社区。因此考虑 $u=v$，则 i, j 同在一个社区，上述公式变为

$$\begin{aligned} Q &= \frac{1}{2m} \left(\sum_{i,j} A_{i,j} - \frac{\sum_i k_i \sum_j k_j}{2m} \right) \delta(c_i, c_j) \\ &= \frac{1}{2m} \sum_c \left(\sum_{i,j}^{\text{in}} - \frac{\sum_{\text{all}}^2}{2m} \right) \end{aligned} \quad (3.5)$$

式中，$\sum_{\text{in}}$ 为社区内部的边的权重和；$\sum_{\text{all}}$ 替代$\sum_i k_i$和$\sum_j k_j$（社区 c 内边权重和+社区 c 内与其他社区连边权重和）。在运用 Fast unfolding 算法进行图聚类的时候不需要计算每一个社区的模块度，但需要遍历每个节点加入社区后的模块度的变化，从而判断是否将该节点并入社区。模块度变化公式为

$$\Delta Q = \left[\frac{\sum_{\text{in}} + k_{i,\text{in}}}{2m} - \left(\frac{\sum_{\text{all}} + k_i}{2m} \right)^2 \right] - \left[\frac{\sum_{\text{in}}}{2m} - \left(\frac{\sum_{\text{all}}}{2m} \right)^2 - \left(\frac{k_i}{2m} \right)^2 \right]$$

$$\Delta Q = \frac{k_{i,\text{in}}}{2m} - \frac{\sum_{\text{all}} k_i}{2m^2} = \frac{1}{2m} \left(k_{i,\text{in}} - \frac{\sum_{\text{all}} k_i}{m} \right) \quad (3.6)$$

式中，$k_{i,\text{in}}$ 为节点 i 与并入社区其他节点的边的权重和（对应所有顶点之间的无向连接，因此所有的边被计算两次）；$\sum_{\text{all}}/m$ 为所有节点与该社区连接的概率；$\sum_{\text{all}} k_i/m$ 为随机中节点 i 在其权重为 k 的情况下与该社区连接的边的权重的期望。式 (3.6) 大于 0 则说明节点 i 与该社区连接程度超过随机连接的程度，则节点 i 加入社区，反之保持独立。Fast unfolding 算法不断迭代直到算法稳定，网络的模块化完成。

如图 3-10 所示，第一层图聚类初始计算中，每个节点为单独社区，以 B 为社区对 A 进行聚类。判断时无向 $1/(2k_{i,\text{in}})$ 为 1（AB），$\sum_{\text{all}}/(2m)$ 为

5/m（BA、BC、BE、BF、BG），k_i（AB、AE、AH）为3，$\sum_{all}k_i/m$ 小于1，增益函数ΔQ为正，节点 A 可以并入社区 B。以此遍历所有节点社区。进行第二层计算，将社区缩聚为团形成类节点 α、β、η、ξ；$k_{i,\,in}$ 为缩聚成团社区自环边的权重和，为 $k_{i,j}$ 类节点间的连接。第二层转换为内环迭代计算到模块度 Q 稳定。

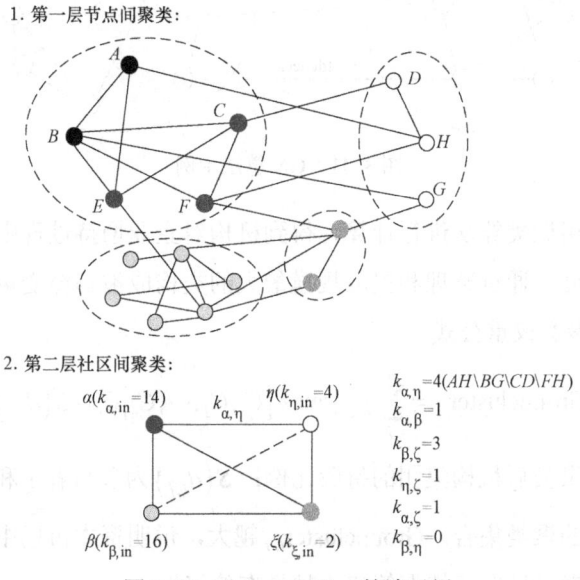

图 3-10　Fast unfolding 算法示例

（2）GN 算法。

纽曼和格万（Newman and Girvan, 2004）[44]研究提出了 GN 算法，该算法近些年成为复杂网络结构分析中的经典算法。其基本思路是将网络 G(V, E) 看成一张交通网，其中存在 A、B 两个社区团体，它们之间的链接 I(a, b) 叫作 bottleneck，会有较高的交通流量，找出所有的 I(a, b) 并删除；网络中任意两个节点通过此边的最短路径的数目叫作边介数（betweenness），用边的边介度来衡量，计算所有边介度并移走最大中介度的边就可以完成复杂网络的分类和聚类，形成团体，然后重复计算至没有 bottleneck，计算结果稳定则结束。该算法是一种分裂的层次聚类算法，计算原理与示例如图 3-11 所示。

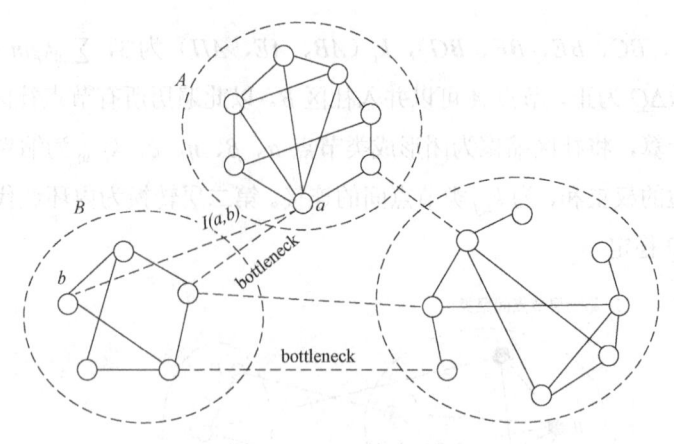

图 3-11　GN 算法示例

本书运用聚类算法进行计算，得到机构对企业增持过程中所形成的聚类持有的测度，通过整理和提取规模最大的类构成被解释变量，即上市公司 i 的机构聚类权重公式：

$$\text{Groupcluster}_{i,t} = \sum_{j}^{n} \gamma_{i,j,t} t\max\left\{C_1, C_2, \cdots, C_n \middle| C_i \in S\left(d_{i,j}\right)\right\} \quad (3.7)$$

式中，C_i 为聚类后机构集团的持股比例；$S\left(d_{i,j}\right)$ 为参与者 i 和参与者 j 之间最短距离的聚类集合。$\text{Groupcluster}_{i,t}$ 越大，说明资本市场中的权威集群的机构投资者越倾向于持有策略，越具有偏好性。

以上两个指标为面板数据，数据 ID 为上市公司的证券代码，形成了机构投资者有限理性行为的代理变量，在本书第 4 章，机构投资者对企业战略风险能否识别并规避，对企业的价值创造是否具有一致性等问题中使用。

3.3.2　密度熵与结构熵

目前网络结构中的熵运算的应用很广泛，并且具有相当的优势。香农和韦弗在 1949 年提出的 "熵"（Shannon and Weaver, 1949）[45]一词，随着理论的发展已经涉及诸多学科，如热力学熵、信息熵和统计熵。在信息学中基于系统信息的熵，测度传输对象描述所需的信息量。使用信息论的熵定义的基本假设是，不确定性（用熵来衡量）是可用信息量的不变函数。同样条件下，熵数值越大，说明网络内部越复杂，或者可能的事件越多，不确定性也就越高。网络复杂性和结构性往往可以决定网络内发生的各种过程，如动作的控制、弹性的保持和信息的传播等。利用熵的这一特征，本书试图使用香农熵来度量两个问题，如图 3-12 所示。

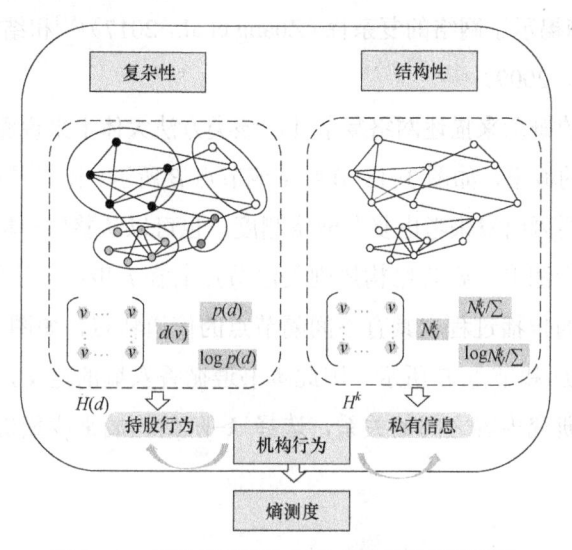

图 3-12 机构持股行为与私有信息传播的测度

在不同时间轴中该网络的密度和复杂性必然不同，如果机构因共同认可某些股票或者板块而产生"抱团"的持股行为，可以进行类似于密度熵或者复杂熵的测度。其中"私有信息"传播不同于市场公开信息，其传播更加渠道化、特定化、隐私化。因此机构与机构之间因为"共同关注"而产生的信道，可以进行类似于信息熵或者结构熵的测度。

1. 熵测度的原理

布瑞索（Brissaud，2005）[46]谈到在物理学中，熵可以衡量自由度；在信息领域，系统内部熵表示可数的信息。在金融学领域，熵一般指的是信息熵和概率熵（Zhou et al.，2013）[47]，例如徐等（Xu et al.，2011）[48]使用混合熵来测度资产组合中的风险问题，张等（Zhang et al.，2012）[49]

则使用均值-半方差-熵来解决有交易费用的资产组合的选择。随着复杂网络技术的应用，研究发现金融网络中存在拓扑性质（Tabak et al., 2010）[50]。复杂网络的各个要素之间相互连接，具有相互作用和影响，且会随着时间进行演化，因此单纯使用网络要素中的节点、边、密度等系数无法测度一个金融网络的大小、复杂程度和结构性。"熵"这一概念是基于全局视角下对系统状态的描述。在网络结构中寻求熵测度来解决实际问题的研究越来越多，香农熵揭示了网络的复杂性（Zhang et al., 2017）[51]和结构性（Anand and Bianconi, 2009）[52]。

使用熵的概念来描述网络复杂性，该类方法大体上来说测度了节点出现在系统中的概率，如图3-13节点 A 或节点 B 所示。除了从网络的节点、网络的边等要素出发来考虑复杂网络测度，也可以从整体结构和变化的角度出发来进行测度。k-阶结构熵则关注节点 v_i 在 k 步内可达的节点总数，而私有信息的传播过程也具有不间隔节点的信道特点，如图3-13中的节点 C、节点 D 和节点 E 所示。因此本书遵循香农熵的定义，按照不同方法的特点与研究内容之间的关系，选择 k-阶结构熵来度量机构私有信息传播。

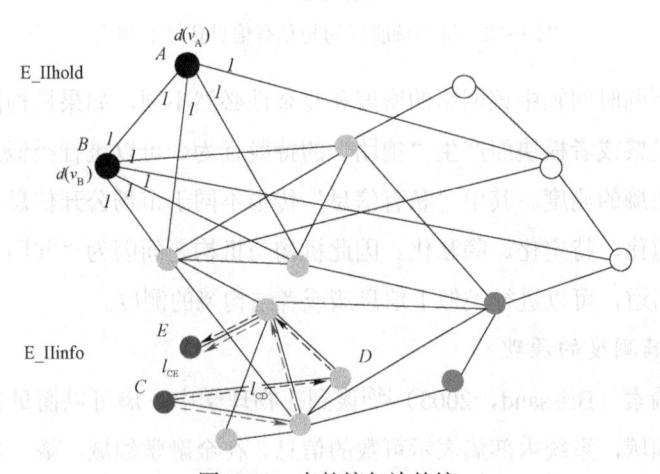

图3-13 点的熵与边的熵

2. 密度熵

在网络复杂性的侧重上，越异构的越复杂，度为我们提供了网络互连的最重要信息。

莫肖维茨（Mowshowitz，1968）首次使用熵的概念来描述网络复杂性[53]。随后学者们通过进一步研究获得了更多进展，例如从网络要素的角度看，主要是网络节点的分布规律上，相关的运算有节点分布熵、剩余度分布熵、"吴"结构熵等。该类方法大体上来说测度了节点出现在系统中的概率，以此来识别复杂网络的密度和复杂性，实际上相当于网络的密度熵。基于度的熵是网络的重要统计特性（Xiao et al.，2008）[54]。因此本书遵循香农熵的定义，按照不同方法的特点与研究内容之间的关系，使用归一化的节点度序列来度量机构持股网络的复杂性。

按照复杂网络的度的定义，定义该无向有权重的网络 $G(V, E)$ 的度为

$$d(v_i) = \left\{ \left[v_j : (v_i, v_j) \in E \right] \right\} \quad v_j = \sum_{j}^{N} A_{i,j} \times W_j \quad (3.8)$$

式中，W_j 为网络中该节点的行属权重；$d(v_i)$ 为 v_i 的度，加权度考虑了点的权重（邻接矩阵中所有非零元素本身），相当于传统的 (0, 1) 网络中的度。求出式（3.1）构建的网络 $G(V, E)$ 中的节点的点权，所有的点权构成一个序列，将其归一化：

$$P(d_i) = p(d(v_j) = d_i) = \frac{\left| \{v_j \in V : d(v_j) = d_i\} \right|}{N} \quad (3.9)$$

式中，N 为节点数；$P(d_i)$ 为网络 $G(V, E)$ 中各个节点的 d_i 的概率分布。根据香农熵的定义，可以得到网络 $G(V, E)$ 的复杂性方面的香农熵为

$$H(d_i) = -\sum_{i=1}^{n} P(d_i) \log P(d_i) \quad (3.10)$$

式中，对数函数的底为 e；$H(d_i)$ 为网络 $G(V, E)$ 的归一化的度序列熵，是一种加权度序列熵。$H(d_i)$ 数值越大，说明系统的密度或复杂度越高。结合本

书内容，我们可以推断，由机构投资者共同持有股票为链接的网络中，加权度序列熵越大，密度熵越大、越复杂。

$$E\_IIhold = H(d_i) \quad (3.11)$$

E_IIhold 是网络中机构投资者持股复杂性的度量指标，其值等于网络的加权度序列熵。E_IIhold 变大，说明此时机构涌入市场，共同持有了类似的股票范围，或者共同关注了同一板块，持有流通股到达了一定的仓位；E_IIhold 变小，则说明此时机构或者离开市场，或者不再持有类似的股票而脱离了网络，或者将仓位降至3%以下。两种方向的操作都是机构在抱团这一行为下的持股行为。

3. 结构熵

除了从网络的节点、网络的边等要素出发来考虑复杂网络测度，也可以从整体结构和变化的角度出发来进行测度，例如从谱熵、转移熵、动态网络结构熵、k-阶结构熵等角度出发。该类方法更加注重网络的演化过程，谱熵基于时间函数的频谱；转移熵着眼于非线性信息交互；动态网络结构熵基于幂律增长和择优连接；k-阶结构熵则关注节点 v_i 在 k 步内可达的节点总数，而私有信息的传播过程也具有不间隔节点的信道特点。因此本书遵循香农熵的定义，按照不同方法的特点与研究内容之间的关系，选择 k-阶结构熵来度量机构私有信息传播。

按照复杂网络的节点的定义，定义该无向有权重的网络 $G(V, E)$ 的节点个数为

$$N_{v_i}^k = \sum_{\substack{j=1 \\ j \neq i}}^n l_{ij} \times W_{ij} + 1 \quad l_{ij}, W_{ij} \leqslant k \text{且} k \in \{0, 1, \cdots, d\} \quad (3.12)$$

式中，l_{ij} 为 G 网络中节点 v_i 到 v_j 的最短路径长度；权重 W_{ij} 为网络中该节点的值；k 为阶数，也就是步幅。因此式（3.12）中计算结果 $N_{v_i}^k$ 为最短路径所遍历的边的权重之和，即节点 v_i 的 k-阶相邻值。根据香农熵的定义，可以得到网络 $G(V, E)$ 的结构性方面的香农熵为

$$H^k = -\sum_{i=1}^{n} \frac{N_{v_i}^k}{\sum_{j=1}^{n} N_{v_j}^k} \log \frac{N_{v_i}^k}{\sum_{j=1}^{n} N_{v_j}^k} \tag{3.13}$$

对数函数的底为 e，在物理学中 k 是玻尔兹曼常数，在信息论中广泛应用。当熵概念运用到知识网络的结构测度时，通常取玻尔兹曼常数为 1（Ellinas et al.，2018）[55]，因此式（3.13）中的 $k=1$。H^1 即为网络 $G(V, E)$ 的一阶结构熵，表示一单位步数所经历的边的权重之和，数值越大，说明一个单位之内所经历的边的权重和越大，系统的内部结构连接越高。它可以用来测度网络中的点可达的其他节点总数的结构熵。结合本书内容，我们可以推断，由机构投资者共同持有股票为链接的网络中，一阶结构熵越大，系统内部越无序，机构间信息传播的信道越多。

$$E\_IIinfo = H^1 \tag{3.14}$$

式中的 E_IIinfo 变大，说明机构与机构间的信息传播可能性增加，熵增在信息论中往往是无序的。不同于网络外部的市场公开消息，它们仅流传于社会网络的内部，因此该类信息为机构的私有信息。在金融市场中，交易者往往因为交易策略的特点不同被划分为理性交易者和噪声交易者，很明显，这种内部"小道消息"不同于价值考虑和业绩支撑，更倾向于带来噪声交易。

4. 有效性检验

密度熵采用了归一化的度序列熵，由于该熵测度的目的是反映机构投资者网络系统中持股行为的密度，因此本书使用机构投资者持有的 A 股流通股的总比值（Shares ratio）作为检验对比数据，与测度数据 E_IIhold 进行对比，通过与图 3-14 中的流通股的总比值相对比，发现二者具有相似的波动特征、时间走势，说明使用熵指数进行的测度是合理的。

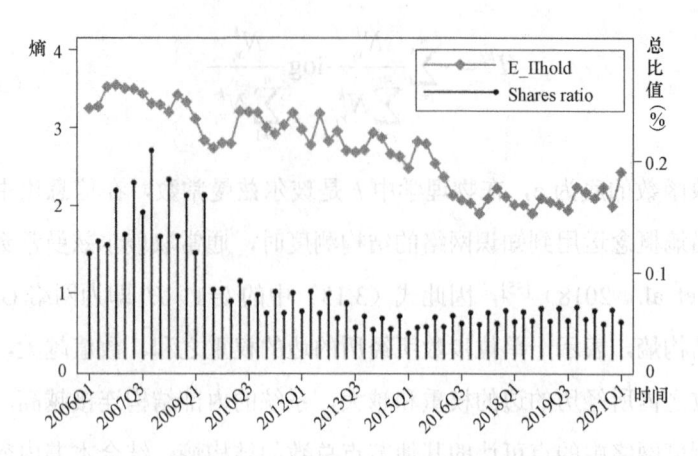

图 3-14　E_IIhold 变量测度的有效性检验

结构熵采用了常规的 k 为常数 1 来计算，得到网络系统的一阶结构熵 E_IIinfo。令 $k=2, 3$，取值后进行检验，结果如图 3-15 所示。从数值大小、波动性和时间趋势来看，三条折线都说明关于机构信息传播的计算具有稳健性。

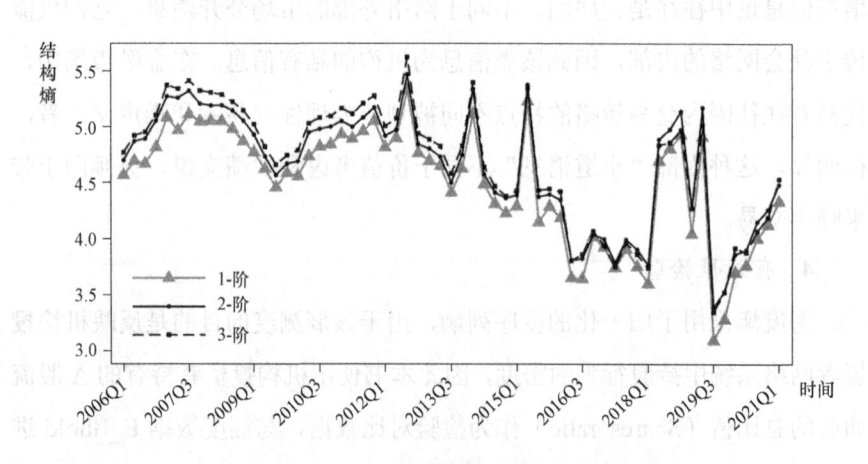

图 3-15　E_IIinfo 变量测度的有效性检验

将密度熵、结构熵与上海证券综合指数进行趋势比对，如果二者与基本市场面出现背离，很有可能难以解释测度的合理性。如图 3-16 所示，E_IIhold 和 E_IIinfo 作为同一网络系统的度量，总体的趋势一致。其中

E_IIinfo 比 E_IIhold 波动性更强，同时二者与市场的关系存在联系。这一点与经济常识相符合。通过以上检验，网络密度与结构的测度分别反映机构投资者有限理性行为下的持股行为和私有信息传播具有合理性和稳健性。

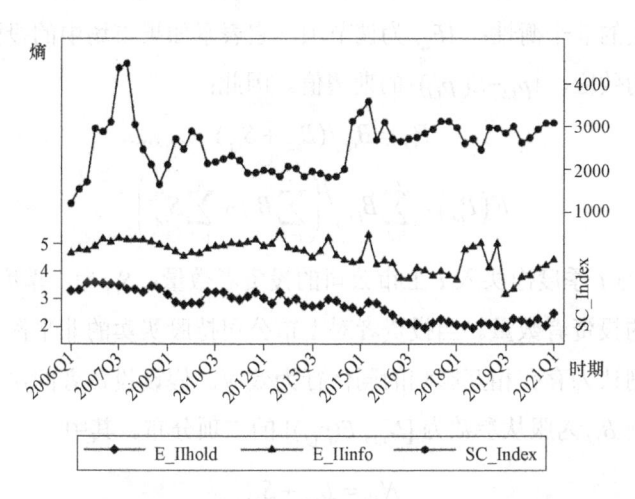

图 3-16 中国股票市场走势的代理变量（SC_Index）变量测度的有效性检验

熵算法形成了时间序列数据，是机构投资者有限理性行为数据的代理变量，在本书第 5 章，机构投资者与市场波动之间的关系研究中使用。

3.3.3 同侪行为测度

本书在同侪行为测度中，主要参考拉孔尼修克等（Lakonishok et al., 1992）[56]、姚禄仕和吴宁宁（姚禄仕和吴宁宁，2018）[57]的 LSV 模型的原理，对机构投资者的该行为进行测度。该模型基本原理为机构投资者在某个时期相互跟随并交易股票，则同一时间内的买卖倾向应该是具有一致性的，该方法最初是用于表示基金相互跟随买卖某类股票的平均倾向的。在机构投资者独立决策的原假设下，同买卖特定股票的平均倾向相比较，从而间接地测度机构买卖该股票的相关性。因此具体计算为

$$HM_{i,t} = \left| p_{i,t} - E(p_{i,t}) \right| - AF_{i,t} \qquad (3.15)$$

式中，$p_{i,t}$ 为 t 季度增持 i 上市公司发行在外流通股的投资者占所有持有该股的机构投资者的比例；$E(p_{i,t})$ 为投资者持有 i 上市公司发行在外流通股的股票比例的期望值，使用样本均值来表示；$|p_{i,t}-E(p_{i,t})|$ 为投资者对上市公司持股买卖的非平衡性；$AF_{i,t}$ 为调节项，它表示如果市场中的投资者不存在同侪行为效应，$|p_{i,t}-E(p_{i,t})|$ 的期望值。因此：

$$P_{i,t} = B_{i,t}/(B_{i,t} + S_{i,t}) \qquad (3.16)$$

$$E(P_{i,t}) = \sum_{i=1}^{n} B_{i,t} \Big/ \left(\sum_{i=1}^{n} B_{i,t} + \sum_{i=1}^{n} S_{i,t} \right) \qquad (3.17)$$

式中，$B_{i,t}$ 为 t 季度净买入 i 上市公司的投资者数量；$S_{i,t}$ 为 t 季度净卖出 i 上市公司的投资者数量。当投资者对上市公司持股买卖的非平衡性达到一定阈值，则认为存在相互影响的同侪行为效应。假设投资者的决策是彼此独立的，则 $B_{i,t}$ 为服从参数为 $[N_{i,t}, E(p_{i,t})]$ 的二项分布。其中：

$$N_{i,t} = B_{i,t} + S_{i,t} \qquad (3.18)$$

式中，$N_{i,t}$ 为在 t 季度对 i 上市公司的股票进行了交易的投资者数量。其中 $B_{i,t}=k$ 的概率为

$$P(B_{i,t} = k) = C_{N_{i,t}}^{k} p_t^k (1-p_t)^{N_{i,t}-k} \qquad (3.19)$$

$$AF_{i,t} = \sum_{i=1}^{N_{i,t}} \left| k/N_{i,t} - E(p_{i,t}) \right| C_{N_{i,t}}^{k} p_t^k (1-p_t)^{N_{i,t}-k} \qquad (3.20)$$

$HM_{i,t}$ 的计算结果越大，说明投资者的同侪程度越高。由于它表示 t 季度对 i 上市公司的股票，处于单边市场中的投资者数量比预期的要多 n，对于某一个群体某一个类的投资者在 t 季度的同侪行为，即本书中的机构投资者的同侪行为则取算数平均数为

$$HM_t = \sum_{i=1}^{n} HM_{i,t} / n \qquad (3.21)$$

原始的 LSV 模型不能具体区别买入和卖出，维尔默（Wermers，1999）[58]

第3章 机构投资者有限理性行为现状分析与多维测度

在此基础上提出了买入和卖出两个方向的测度方式，分别为

$$\mathrm{BHM}_{i,t} = \sum_{i=1}^{n} HM_{i,t}/n \qquad P_{i,t} \geqslant E(p_{i,t}) \qquad (3.22)$$

$$\mathrm{SHM}_{i,t} = \sum_{i=1}^{n} HM_{i,t}/n \qquad P_{i,t} < E(p_{i,t}) \qquad (3.23)$$

然后，计算机构投资者的算数平均数，得到机构投资者的买入同侪行为和卖出同侪行为的代理变量。

本书借鉴许年行的方法，在LSV原理下进行机构投资者同侪行为的具体计算时，采用以下步骤。

（1）使用本书中的机构投资者重仓持有的季度面板数据进行计算。首先对样本中机构投资者持股数量的季度变化值 Trade 取虚拟变量，当持股变化量为0时，则变量取值为0；当机构投资者增持时，则变量取值为1；当机构投资者减持时，则变量取值为2；当机构投资者上期不持股而本期选择持股新进时，则变量取值为3。

（2）使用季度时间变量和上市公司个体变量进行分组计算 Buy 的平均值，计算结果为原理公式中的 $p_{i,t}$ 变量。

（3）使用季度时间变量和上市公司所在行业分组计算 $p_{i,t}$ 变量的平均值，计算结果为原理公式中的 $E(p_{i,t})$ 变量。

（4）根据（2）、（3）的结果计算 $|p_{i,t}-E(p_{i,t})|$ 变量。

（5）在机构投资者同侪行为与政策规制的实证中使用年度面板数据，对同侪行为的数据进行整合，具体计算方法为以各上市公司的年底数据为季度数据的算数平均数，得到 Herd 变量。

（6）在计算调整项的时候选择 $|p_{i,t}-E(p_{i,t})|$ 变量的均值、使用 $|p_{i,t}-E(p_{i,t})|$ 变量的均值减去1个标准差和使用 $|p_{i,t}-E(p_{i,t})|$ 变量的均值减去1.96个标准差，三种方式所得的结果基本是一致的。本书选择第三种方式的计算结果作为调整项，从而得到 Herd_ing 变量，作为机构投资者同侪行为的指标。

（7）根据（4）的计算结果，以 $p_{i,t}-E(p_{i,t})$ 的正负进行样本的分组。其中 $p_{i,t}-E(p_{i,t})>0$ 表示在 t 季度增持 i 上市公司发行流通股的投资者占所有持

有该股的机构投资者的比例高于平均水平，即存在买方为主导的同侪行为。$p_{i,t}-E(p_{i,t})<0$ 表示在 t 季度增持 i 上市公司发行流通股的投资者占所有持有该股的机构投资者的比例低于平均水平，即存在卖方为主导的同侪行为。当 $p_{i,t}-E(p_{i,t})=0$ 时进行剔除。对子样本进行（6）的操作，得到买方同侪行为 Herd_buy 和卖方同侪行为 Herd_sell。

LSV 模型形成了年度面板数据，是机构投资者有限理性行为中的非理性部分的代理变量，在本书第 6 章，机构投资者与政府政策之间的关系研究中使用。

3.4　本章小结

本章从发展阶段、构成结构和行为特征三个角度分析了目前我国机构投资者有限理性行为的现状。基本结论如下。

1. 发展阶段

机构投资者的诞生是我国的证券市场进入新的历史时期的重要标志，该投资主体应该成为金融资本市场中有限理性的群体，对冲散户交易的非理性情绪，完善投资者的结构和层次。与西方成熟的资本市场相比，我国机构投资者的成立与发展相对较晚，但是近些年来我国机构投资者持股数量正处于峰值，各个阶段的发展速度虽然不平均，但趋势上呈现明显的上升态势，并达到了一定的规模。我国资本市场的交易主体开始从以个人投资者为主迈向以机构投资者为主。

2. 构成结构

随着全国养老保险基金和境外机构投资者的引进、沪港通的开通，我国的机构投资者已经成为由境内的公募基金、私募基金、保险、证券、社保、信托以及境外合格机构投资者和沪港通等北上资金组成的多样性多层次主体。近些年来，按照政府有关监管部门的结构调整和部署，市场总体呈现出通道业务进一步减少，其他各类主体组成继续发展，个别市场发展阶段中金、汇金等国家队持股入场的特征。目前，从市场持股占比数据来看，我国的资本市场中形成了以证券投资基金为主体，社保、保险、境外合格机构投资者为重要组成部分，其他各机构投资者并行的多元发展格局。

3. 行为特征

首先，机构投资者的决策行为与社会决策类似存在网络系统。网络中的个体在进行决策时会受到其他个体决策的影响，使用网络系统来研究机构投资者的有限理性行为具有合理性。其次，从投资的周期来看，我国股票市场中的投资者投资周期偏短，机构投资者的持股周期差异较大，投机与投资的持股行为并存。再次，目前机构行为中最典型的抱团行为以及金融、消费和互联网板块的投资行为特征充分说明，我国的机构投资者存在羊群等同侪效应，在投资策略上有题材炒作的偏好。最后，从我国机构投资者的诞生、发展和构成来看，离不开政府推动、制度设计和调控调整。

综合上述机构投资者存在的诸多有限理性行为特征，本书在研究机构投资者有限理性行为时借助网络系统，充分考虑机构个体之间的相互连接和影响、在市场中的节点位置和网络之间的行为与信息传播，使用多个维度的分析与测度，具体如下。

（1）构建网络并分析。通过数据提取、数据比对、数据清洗和数据链接将源数据矩阵化，考虑到节点的度不是均质的，因此该矩阵生成的是无向权重网络。对网络中的关系属性进行分析，经过网络边、点和密度的计算，发现该网络与市场走势基本没有出现背离，并通过 MST 技术发现网络中具有明显的聚类特征，且存在权威中心点或者中心区域等特征，基本与机构投资者行为特征相符合。

（2）测度机构投资者有限理性行为。首先，使用网络遍历后的持股比例作为机构投资额对上市公司战略或者价值的认可。使用聚类后的持股比例作为机构投资者权威集群对上市公司战略或者价值的认可。以上度量了机构投资者对企业战略与价值的认可程度，即机构认可企业就会持有该企业的流通股，并且考虑了机构在网络中的位置。其次，通过密度熵中的归一化的度序列熵度量了机构投资者有限理性行为下的市场持股行为，通过结构熵中的一阶结构熵度量了机构投资者有限理性行为下的私有信息传播，并进行了有效性检验。最后，使用LSV模型计算同侪行为指标，并分小样本分别计算了买方同侪行为和卖方同侪行为。

本章通过多维度的测度，分别从面板数据、时间序列、截面数据的角度分析测度了机构投资者的有限理性行为，得到机构投资者对企业的认可类指标、机构投资者在市场中的熵指标、机构投资者在政策实证中的同侪行为指标，该三类指标将分别成为下文实证中机构投资者有限理性行为的重要代理变量。

第 4 章

机构投资者有限理性行为与企业

　　本章的主要研究内容为机构投资者有限理性行为下是否可以识别企业经营战略风险，以及对企业价值创造是否具有偏好。前者具有非对称性，后者具有非一致性。通过建立模型，进行实证分析，从微观层面研究了机构投资者有限理性行为与企业之间的关系。在信息不对称的环境中，这两个问题关系到机构在既定的有限理性下，能否发挥外部流通股股东的"压舱石"的功能，通过流通股股权融资的市场渠道，解决企业价值创造过程中的融资约束；关系到机构在既定的有限理性下，能否识别企业的战略风险，保证自有资金或从社会公众手中筹集到的分散资金的安全。

4.1 企业变量、模型构建与数据来源

4.1.1 企业战略风险

　　企业战略风险，具体是指企业所选择的战略与行业战略模式的平均水平的偏离程度。目前在战略管理的研究领域大体有两种方法进行测度：一是在研究战略时运用极端战略分类，把企业战略分为进攻型、防御型和分析型三种模式（Bentley et al.，2013；孙健等，2016）。该方法可以对应企业具体的经营模式，但是在使用面板数据进行研究时对企业战略的变化没

有很好地捕捉，数据分类相对较为粗略。二是使用企业战略选择偏离行业平均战略模式的偏移程度（Tang et al., 2011；叶康涛等，2015）。该方法可以通过企业偏离均值时所面临的财务状况，直接对应企业面临的战略风险，因此更适用于本书所研究的问题。财务数据可以反映企业的战略风险（张先治等，2018）。由于企业成为战略的探索者偏离行业均值的时候，其稳健程度可能会更低（刘行，2016），盈余管理程度更高，由战略异质产生的资源配置、经营期间和财务行为可以通过财务报表中的相关信息进行测度，这种测度是一种战略偏差所引发的后果测度。对财务报表中与资源配置、经营期间和财务行为最密切的内容进行梳理，形成企业战略风险的测度。

1. 企业战略风险测度

企业宏观战略能够体现在具体经营活动中。因此进行企业战略风险测度的主要思想是企业的战略倾向会通过战略资源的分配，最终体现在企业财务数据中，如果企业采用偏离行业的战略特立独行，可能会面临更大的经营风险。因此可以看出，该指标测度的是已经付诸实践的战略。根据该思想，其分配主要体现在生产与研发、营销与投入、财务与融资等三大关键领域及六个维度，如表4-1所示。

表4-1 企业战略风险的分类及测度

三大领域	六个维度（$N=6$）	具体测度公式	Mean1	样本行业水平	Mean2
生产与研发	资本密集程度	$Dimension_{1,i,t}$=固定资产净额/员工人数	752196.4	行业均值 $MEAN_{n,i,t}$ 行业标准差 $SD_{n,i,t}$ $n \in \{1,2,3,4,5,6\}$	0.5789
	固定资产更新程度	$Dimension_{2,i,t}$=固定资产净额/原值	0.5995		0.7966
	创新投入	$Dimension_{3,i,t}$=无形资产净额/营业收入	0.2698		0.5416
营销与投入	广告与宣传投入	$Dimension_{4,i,t}$=销售费用/营业收入	0.0611		0.7158
	管理费用投入	$Dimension_{5,i,t}$=管理费用/营业收入	0.0868		0.6707

续表

三大领域	六个维度 (N=6)	具体测度公式	Mean1	样本行业水平	Mean2
财务与融资	财务杠杆	Dimension$_{6,i,t}$=（短期借款+长期借款+应付债券）/所有者权益合计	0.5772		0.7572
企业战略风险		$DS_{i,t} = \left\{ \sum_1^6 \lvert (\text{Dimension}_{n,i,t} - \text{MEAN}_{n,i,t})/SD_{n,i,t} \rvert \right\} \Big/ N$			(4.1)

注：其中 Mean1 为 Dimension$_{n,i,t}$ 的样本均值，Mean2 为 |（Dimension$_{n,i,t}$–MEAN$_{n,i,t}$）/SD$_{n,i,t}$|（六个维度分别减去同行业该指标的年平均值，再除以标准差予以标准化，取绝对值）公式运算后得到的样本均值。我国上市公司关于广告、研发费用的披露较少，本书使用销售费用和无形资产净值来代替广告和研发费用。为验证近似结果，在稳健性检验中删除了取近似值的这两部分内容，进行了重新整理和回归，该结果具有一致性。

首先，生产与研发领域，体现在企业对内资本投资及生产能力扩张方面，往往反映了资本资产的形成，是反映企业未来成长性的重要战略投入；营销与投入领域，体现在企业对外宣传和费用支出方面，往往反映了运营过程中的成本损耗，是企业运营过程中的不可或缺的"加油站"；财务与融资领域，体现在企业的财务杠杆方面，往往反映了财务布局下净资产与负债关系的平衡，是企业运营与发展的最大资源调动。其次，使用六个维度指标来反映三大关键领域，每个维度指标使用同期同行业的标准差进行了标准化。最后，将六个维度指标取平均权重，得到企业战略风险指标 $DS_{i,t}$。该指标越大，则企业与同期同行业的战略风险越大，由于偏离常规，因此所面临的经营风险也就越高。

图4-1展示了企业战略偏差的均值。整体来看，该数据经历了一个从高到低，有回升震荡走高的过程。其中2008年均值较小，根据经验推断有可能是由于在金融危机的影响下上市公司在战略布局上比较谨慎，采取了更加常规的经验化的战略决策来降低经营风险，规避外部环境震荡所带来的负面影响。

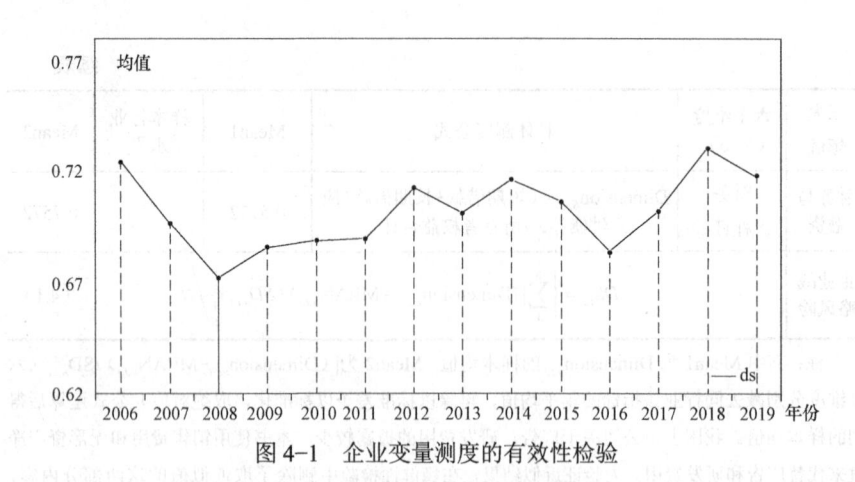

图 4-1　企业变量测度的有效性检验

图 4-2 显示了不同行业在时间序列中第一年和最后一年（2020 年只有第一季度数据，故未考虑）不同行业战略偏差的均值。科学研究和技术服务业是战略偏差均值相对最大的行业，说明创新、多样化发展对该行业来说更为重要。而房地产行业的全样本均值为 0.56，该行业的上市企业在 2006—2019 年的高速发展中处于"风口"，很多非房地产企业甚至都会涉足房地产，因此它整体上行业偏差比较小，多数企业都采用更加常规的战略。可见运用以上方法对企业战略风险进行测度得到的结果，符合中国经济社会发展的现实。

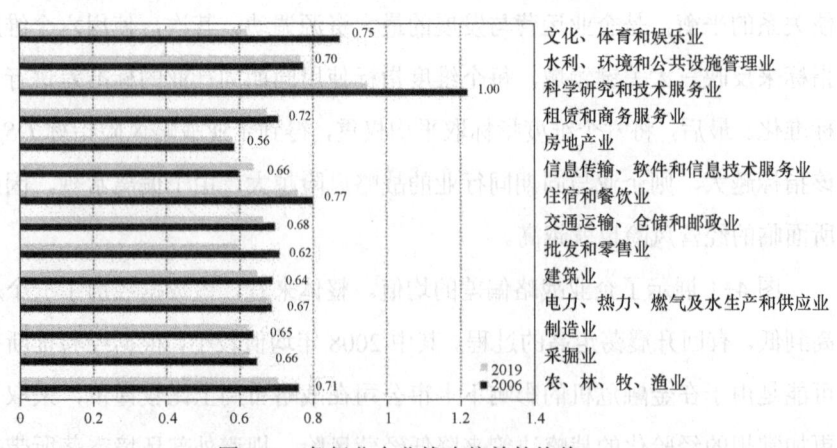

图 4-2　各行业企业战略偏差的均值

注：深色条状图为 2006 年企业战略偏差的行业均值，浅色条状图为 2019 年企业战略偏差的行业均值。条状图右侧的数据为全样本行业的企业战略偏差均值。行业分类标准为中国证监会 2012 年修订的《上市公司行业分类指引》。

4.1.2 模型构建

考虑到部分企业选择新的发展战略的动机是由于经营本身就存在风险问题，从而使得企业战略倾向出现偏差，该类企业本身就难以得到机构投资者的认可。为了避免这一内生性，本书选取了一系列与企业自身和外部资本市场相关的控制变量，共 7 个，分别是企业产权性质 $Soe_{i,t}$、平均超额换手率 $Dturn_{i,t}$、市净率 $Mtb_{i,t}$、个股特定收益率 $Ret_{i,t}$、周收益率标准差 $Sigma_{i,t}$、企业规模 $Size_{i,t}$。资产负债率 $Lev_{i,t}$；并采用固定效应回归模型。

本书使用式（4.2）、式（4.3）证明上市公司战略倾向与机构投资者认可之间的关系：

$$Groupown_{i,t} = \alpha_1 + \beta_1 DS_{i,t} + \beta_2 Soe_{i,t} + \beta_3 Dturn_{i,t} + \beta_4 Mtb_{i,t} + \beta_5 Ret_{i,t} \\ + \beta_6 Sigma_{i,t} + \beta_7 Size_{i,t} + \beta_8 Lev_{i,t} + \varepsilon_{i,t} \quad (4.2)$$

$$Groupcluster_{i,t} = \alpha_1 + \beta_1 DS_{i,t} + \beta_2 Soe_{i,t} + \beta_3 Dturn_{i,t} + \beta_4 Mtb_{i,t} + \beta_5 Ret_{i,t} \\ + \beta_6 Sigma_{i,t} + \beta_7 Size_{i,t} + \beta_8 Lev_{i,t} + \varepsilon_{i,t} \quad (4.3)$$

式中，$Groupown_{i,t}$ 为上市公司 i 的机构投资者普遍持股行为，$Groupcluster_{i,t}$ 为上市公司 i 的机构投资者权威集团持股行为，二者从不同角度测度机构投资者对于上市公司战略倾向的认可程度；$DS_{i,t}$ 为上市公司战略倾向；$\varepsilon_{i,t}$ 为误差项。

4.1.3 数据来源与模型适用性检验

1. 数据来源

本书选择 2006 年至 2020 年第一季度共 57 期综合 A 股为样本，金融数据来源为国泰安（CSMAR）系列研究数据库及基金公司的基金报告，并参照现有研究做如下处理：①剔除大型金融企业，进行去中心化处理；②删除了 ST 类企业，保留正常交易企业；③剔除年度数据中交易周数小于 30 的个股；④删除计算 $Groupown_{i,t}$、$Groupcluster_{i,t}$ 和 $DS_{i,t}$ 时存在缺失的个体，最终得到 56264 条季度样本，共 952 个上市公司。为了避免异常值影响，本书对连续变量在 1%和 99%的水平上进行了 Winsorize 处理。各变量的描述性统计如表 4-2 所示。

表 4-2 中，$Soe_{i,t}$ 为企业产权性质，本书通过上市公司背景数据指定控股股东为国有企业取值为 1，其他取值为 0；$Dturn_{i,t}$ 为平均超额换手率，具体计算为本季度月换手率平均数减去上季度月换手率平均数；$Mtb_{i,t}$ 为企业市净率，具体计算为当期资产负债表日收盘价/(当期所有者权益/当期实收资本)；$Ret_{i,t}$ 为个股特定收益率，具体计算为按行业和年度计算的企业收益标准差 $\sqrt{\sum(w_{i,t}-w_i)/N}$；$Size_{i,t}$ 为企业规模，具体计算为企业资产总额的自然对数，$Lev_{i,t}$ 为资产负债率，具体计算为当期资产总额/负债总额。

表 4-2 变量的基本统计特征

变量	最小值	最大值	均值	标准差	观测值
$Groupown_{i,t}$	0.0000	0.1350	0.0139	0.0284	54264
$Groupcluter_{i,t}$	0.0000	0.2426	0.0047	0.0240	54264
$DS_{i,t}$	0.0000	1.0000	0.6754	0.4682	54264
$Soe_{i,t}$	0.0000	1.0000	0.6754	0.4682	54264
$Dturn_{i,t}$	−1.3078	1.2788	−0.0014	0.3315	54264
$Mtb_{i,t}$	0.0054	0.1401	0.0300	0.0198	54264
$Ret_{i,t}$	−0.0129	0.0247	0.0010	0.0043	54264
$Sigma_{i,t}$	0.0088	0.0811	0.0289	0.0114	54264
$Size_{i,t}$	8.6226	10.7815	9.6215	0.4947	54264
$Lev_{i,t}$	0.1425	0.8057	0.4947	0.1781	54264

2. 模型适用性检验

为了避免多重共线性，本书计算并汇报了各变量的方差膨胀因子（VIF）值，如表 4-3 所示。VIF 均值均小于 2，最大值为 1.44，远低于临界值 10，一定程度上表明变量之间不存在共线性。由于现代时间序列理论也应用于面板数据，本书为避免伪回归现象，对 57 期长面板进行平稳性检验，单位根（ADF）检验结果如表 4-4 所示，表中显示各变量滞后一阶强烈拒绝面板数据中存在单位根的原假设，变量具有平稳性。

表 4-3　变量的方差膨胀因子（VIF）值

解释变量：$Groupown_{i,t}$/$Groupcluster_{i,t}$		
$Size_{i,t}$	1.4400	0.6930
$Mtb_{i,t}$	1.3400	0.7482
$Sigma_{i,t}$	1.1900	0.8381
$Lev_{i,t}$	1.1800	0.8453
$Ret_{i,t}$	1.1100	0.8990
$Dturn_{i,t}$	1.0700	0.9358
$Group\_{i,t}$	1.0400	0.9602
Soe_i	1.0400	0.9633
$DS_{i,t}$	1.0100	0.9911
平均 VIF	1.1600	—

表 4-4　变量的单位根（ADF）检验结果

变量	$Groupown_{i,t}$	$Groupcluster_{i,t}$	$DS_{i,t}$	$Soe_{i,t}$	$Dturn_{i,t}$
一阶滞后	0.9646***	-18.9953***	-51.1255***	—	-170.0000***
变量	$Mtb_{i,t}$	$Ret_{i,t}$	$Sigma_{i,t}$	$Size_{i,t}$	$Lev_{i,t}$
一阶滞后	-38.0468***	-94.7971***	-49.8170***	-34.9373***	-21.2247***

注：表格汇报 t 值。*、**、***分别表示在 10%、5%、1%的统计水平下显著。

机构投资者认可与上市企业战略的偏差之间的 Pearson 相关性检验如表 4-5 所示。$DS_{i,t}$ 与 $Groupown_{i,t}$、$Groupcluster_{i,t}$ 之间均为负相关，分别为 -0.0219 和 -0.0148。在不考虑其他条件影响下，上市企业战略风险与机构投资者有限理性下的持股行为间为负面效应，即不认可。这也与前文的基本认识分析相一致，该检验初步验证第 2 章中的假设 4-1。

表 4-5　变量的 Pearson 相关系数

变量	Groupown$_{i,t}$	Groupcluster$_{i,t}$	DS$_{i,t}$	Soe$_{i,t}$	Dturn$_{i,t}$	Mtb$_{i,t}$	Ret$_{i,t}$	Sigma$_{i,t}$	Size$_{i,t}$	Lev$_{i,t}$
Groupown$_{i,t}$	1.0000	—	—	—	—	—	—	—	—	—
Groupcluster$_{i,t}$	0.0862***	1.0000	—	—	—	—	—	—	—	—
DS$_{i,t}$	-0.0219***	-0.0148***	1.0000	—	—	—	—	—	—	—
Soe$_{i,t}$	-0.1064***	-0.0071*	-0.0017	1.0000	—	—	—	—	—	—
Dturn$_{i,t}$	-0.0183***	-0.0214***	0.0251***	-0.0043	1.0000	—	—	—	—	—
Mtb$_{i,t}$	0.1036***	0.1501***	0.0751***	-0.1202***	-0.0301***	1.0000	—	—	—	—
Ret$_{i,t}$	0.0028	0.1161***	0.0176***	-0.0130***	0.1645***	0.2432***	1.0000	—	—	—
Sigma$_{i,t}$	-0.0177***	0.1229***	0.0072*	-0.0298***	0.1711***	0.2874***	0.1720***	1.0000	—	—
Size$_{i,t}$	0.0150***	-0.0296***	0.0048	0.1734***	-0.0182***	-0.3969***	-0.1105***	-0.2598***	1.0000	—
Lev$_{i,t}$	-0.0379***	-0.0010	0.0150***	0.1092***	-0.0014	-0.1068***	-0.0041	0.0120***	0.3726***	1.0000

注：表格汇报 t 值。*、**、***分别表示在 10%、5%、1%的统计水平下显著。

综合以上检验，使用固定效应回归模型检验机构投资者有限理性行为下的持股行为与企业战略风险之间存在的关联关系。

4.2 回归结果与分析

4.2.1 基准回归

表4-6列示了机构投资者有限理性行为下的持股行为与上市企业战略风险的回归结果。其中（1）（2）列为未加入控制变量的面板模型的随机效应；（3）（4）列为加入控制变量后面板的随机效应，（5）（6）列为加入控制变量后面板数据的双向固定效应；为了控制潜在的异方差和相关性，对所有回归系数的标准误都在个体层面上进行 Cluster 处理，以上回归结果都是稳定的负向效应。

表4-6 机构投资者持股行为与企业战略风险

变量	$Groupown_{i,t}$ (1)	$Groupcluster_{i,t}$ (2)	$Groupown_{i,t}$ (3)	$Groupcluster_{i,t}$ (4)	$Groupown_{i,t}$ (5)	$Groupcluster_{i,t}$ (6)
$DS_{i,t}$	−0.0024*** (−5.0924)	−0.0014*** (−3.4544)	−0.0034*** (−7.4549)	−0.0023*** (−5.9899)	−0.0034* (−1.9545)	−0.0020*** (−3.0433)
Soe_i	—	—	−0.0062*** (−23.7252)	0.0001 (0.6561)	−0.0060*** (−4.3130)	−0.0004 (−0.9118)
$Dturn_{i,t}$	—	—	−0.0004 (−0.9484)	−0.0033*** (−10.6286)	−0.0006** (−2.1581)	−0.0017*** (−5.3487)
$Mtb_{i,t}$	—	—	0.1999*** (28.6728)	0.1509*** (25.7441)	0.2145*** (6.4008)	0.1672*** (10.8340)
$Ret_{i,t}$	—	—	−0.1018*** (−3.4293)	0.4721*** (18.9175)	−0.0153 (−0.5455)	0.2031*** (6.5872)
$Sigma_{i,t}$	—	—	−0.0791*** (−6.9125)	0.2011*** (20.8984)	−0.0487* (−1.7041)	0.0118 (0.8843)

续表

变量	Groupown$_{i,t}$ （1）	Groupcluster$_{i,t}$ （2）	Groupown$_{i,t}$ （3）	Groupcluster$_{i,t}$ （4）	Groupown$_{i,t}$ （5）	Groupcluster$_{i,t}$ （6）
Size$_{i,t}$	—	—	0.0055*** (18.8039)	0.0027*** (11.1367)	0.0044*** (3.2001)	0.0056*** (11.2453)
Lev$_{i,t}$	—	—	−0.0074*** (−10.1582)	−0.0013** (−2.0687)	−0.0057* (−1.7251)	−0.0030*** (−2.7885)
Constant	0.0155*** (47.0818)	0.0056*** (20.2939)	−0.0322*** (−11.3914)	−0.0302*** (−12.7094)	−0.0241* (−1.8697)	−0.0512*** (−10.5646)
Cluster/Year	N/N	N/N	N/Y	N/Y	Stkcd/Y	Stkcd/Y
N	54262	54262	54262	54262	54262	54262
Adj.R^2	0.0005	0.0002	0.0296	0.0397	0.0448	0.1202

注：*、**、***分别表示在 10%、5%、1%的统计水平下显著。控制变量和文件标准误中的 N 和 Y 分别表示未控制和已经控制。括号中为 t 值。

具体来看，机构投资者普遍持股行为与上市企业战略风险之间在 10%的水平上显著性为负，其中解释变量 $DS_{i,t}$ 的系数为−0.34%；与机构投资者权威集团的持股行为之间在 1%的水平上显著性为负，其中解释变量 $DS_{i,t}$ 的系数为−0.20%。回归结果表明，机构投资者能够通过公开披露信息的获得和加工，判断企业已经实施的战略存在的风险，假设 4-1 得到验证。其中，资本市场中的机构权威集团，从计算过程来看其往往是资本市场中的集团化机构或者头部机构，他们的信息不对称程度相对低，对企业战略的风险性更加敏感，表现为更为显著的效应结果。相比机构投资者普遍持股的结果，系数略有差异，逆向选择的可能性低，能够更好地对企业战略倾向差异偏差进行定性和区分，因此做出减持或退出决策。

4.2.2 企业产权异质分析

根据以往关于研究，机构投资者交易往往存在企业产权背景上的异质性（姚振晔，2019）[59]，因此对上市企业产权性质不同进行分组，对国有企业和非国有企业分别进行回归，结果如表 4-7 所示。

表 4-7 机构投资者与企业战略风险的产权异质

变量	Groupown$_{i,t}$ (1)	Groupcluster$_{i,t}$ (2)	Groupown$_{i,t}$ (3)	Groupcluster$_{i,t}$ (4)
DS$_{i,t}$	−0.0039**	−0.0024***	−0.0037	−0.0013
	(−2.0723)	(−3.1380)	(−1.0227)	(−1.1143)
Constant	−0.0249	−0.0543***	−0.0311	−0.0505***
	(−1.5998)	(−9.3413)	(−1.2157)	(−5.5835)
Controls	Y	Y	Y	Y
N	36650	36650	17612	17612
Adj.R^2	0.0300	0.1200	0.0490	0.1250

注：表格汇报 t 值。*、**、***分别表示在 10%、5%、1%的统计水平下显著。

模型（1）、模型（2）的上市企业产权性质为国有企业，模型（3）、模型（4）的上市企业产权性质为非国有企业。当一向以企业决策具有稳健平稳著称的上市国有企业战略风险较大，经营风格有悖行业均值时，市场中的机构投资者普遍能够认识到企业的战略风格，两类关于有限理性持股行为的测度均为显著的负认可。但是对于民营企业和外资企业等出现战略风险，经营风格有悖行业均值时，市场中的机构投资者在持股的选择上对此并不敏感，两类关于有限理性持股行为的测度均不显著。可见机构投资者有限理性行为下对不同性质的企业经营战略风险的持有策略是存在非对称性的。

4.2.3 企业战略维度异质分析

在进行企业战略风险测度时，本书将企业战略分为生产与研发、营销与投入、财务与融资等三大关键领域，并进一步划分为六个维度测度企业战略倾向。为了更加细致的观察机构投资者持股行为与企业战略风险的关系，对企业进行分组。将每个企业 $DS_{i,t}$ 中的六个维度按照权重排序，以最高权重进行分组，将所有样本分为以生产与研发领域为主导的战略倾向，以营销与投入为主导的战略倾向和以财务与融资为主导的战略风险。因为数据为长面板，因此在较长的经营期内企业可能会发生战略倾向的风格变换，因此该回归为非平衡面板回归，但是不影响我们观察机构投资者与之的关系。

如表4-8所示，模型（1）、模型（2）为以生产与研发领域为主导的战略风险，可以看出机构投资者普遍对于企业在资本投资和生产能力的扩张方面出现行业战略差异非常敏感，过高或过低的投入都会导致机构投资者因为风险问题对资产的未来现金流入不够乐观，权威集团的机构团体也出现了减持行为。模型（3）、模型（4）为以营销与投入为主导的战略风险，对于企业对外宣传和费用支出方面出现战略风险投资机构普遍较为不敏感，而权威集团的机构团体则进行了减持，即大多数的机构投资者比较关注资产负债表事项，而权威集团机构投资者则更加关注利润表事项。模型（5）、模型（6）为以财务与融资为主导的战略风险，可以看出机构投资者对于企业财务杠杆均不敏感。很可能是企业债务政策变化所获得（减少）的资本资产最终是通过扩大（缩小）投资或者增加（减少）成本支出体现的。其资产负债率未超过警戒水平被机构投资者认为安全，没有战略风险。

表4-8 机构投资者与企业战略风险的领域异质

变量	生产与研发		营销与投入		财务与融资	
	Groupown$_{i,t}$ (1)	Groupcluster$_{i,t}$ (2)	Groupown$_{i,t}$ (3)	Groupcluster$_{i,t}$ (4)	Groupown$_{i,t}$ (5)	Groupcluster$_{i,t}$ (6)
$DS_{i,t}$	−0.0055*** (−2.8382)	−0.0015* (−1.7913)	0.0028 (0.9324)	−0.0018* (−1.7675)	−0.0020 (−0.5833)	−0.0024 (−1.5187)
Constant	−0.0169 (−1.1766)	−0.0446*** (−7.5639)	−0.0441** (−2.1462)	−0.0559*** (−7.4621)	−0.0236 (−1.1515)	−0.0585*** (−6.1907)
Controls	Y	Y	Y	Y	Y	Y
N	24414	24414	17463	17463	12385	12385
Adj.R^2	0.0560	0.1210	0.0390	0.1250	0.0510	0.1170

注：进一步研究和稳健性检验中省略了部分控制变量的汇报。表格汇报 t 值。*、**、***分别表示在10%、5%、1%的统计水平下显著。

4.2.4 市场环境异质分析

由于数据期间中国股市处于不同市场状态，为了考察不同市场风格下企业战略倾向与机构投资者认可之间存在的关系，本书借鉴张安宁和金德环（张安宁和金德环，2014）[60]的处理方法设置牛市、熊市、震荡市三种市态，对三种市场的界定结合上证综指进行划分后定义如下：

$$\text{Bull}_t = \begin{cases} 1 & t \in A \mid n=19 \\ 0 & t \in \text{other} \end{cases}$$

$$\text{Bear}_t = \begin{cases} 1 & t \in B \mid n=15 \\ 0 & t \in \text{other} \end{cases} \quad (4.4)$$

$$\text{shock}_t = \begin{cases} 1 & t \in C \mid n=23 \\ 0 & t \in \text{other} \end{cases}$$

式中，Bull_t 为牛市哑变量，集合 A={06.1-07.3；09.1-09.2；14.3-15.2；16.3-17.4|n=19}（时间格式为年-季，下同）；Bear_t 为熊市哑变量，集合 B={07.4-08.410.1-10.215.3-16.218.1-18.4|n=15}；Shock_t 为震荡市哑变量，集合 C={10.3- 14.2；19.1-20.1|n=23}。将三个对市态进行定性的哑变量及两类机构与其交互作用代入模型，作为调节变量进行分组检验，如表4-9所示。其中解释变量的区别为：模型（1）、模型（4）为牛市下解释变量、解释变量与市态交叉项；模型（2）、模型（5）为熊市下解释变量、解释变量与市态交叉项；模型（3）、模型（6）为震荡市下解释变量、解释变量与市态交叉项。

表4-9 机构投资者与企业战略风险的市场环境异质

变量	Groupown$_{i,t}$ (1)	Groupown$_{i,t}$ (2)	Groupown$_{i,t}$ (3)	Groupcluster$_{i,t}$ (4)	Groupcluster$_{i,t}$ (5)	Groupcluster$_{i,t}$ (6)
$DS_{i,t}$	−0.0021 (−1.1819)	−0.0027 (−1.5374)	−0.0019 (−1.0617)	−0.0027*** (−4.6320)	−0.0012* (−1.8279)	−0.0019** (−2.3559)
$DS_{i,t}×\text{Bull}_{i,t}$	−0.0004 (−0.9198)	—	—	0.0023*** (4.5892)	—	—

续表

变量	Groupown$_{i,t}$ (1)	Groupown$_{i,t}$ (2)	Groupown$_{i,t}$ (3)	Groupcluster$_{i,t}$ (4)	Groupcluster$_{i,t}$ (5)	Groupcluster$_{i,t}$ (6)
$DS_{i,t}×\text{Bear}_{i,t}$	—	0.0017*** (3.2752)	—	—	−0.0027*** (−5.8704)	—
$DS_{i,t}×\text{shock}_{i,t}$	—	—	−0.0011* (−1.6573)	—	—	−0.0001 (−0.1655)
Constant	−0.0389*** (−2.7986)	−0.0386*** (−2.7779)	−0.0391*** (−2.8176)	−0.0522*** (−10.1716)	−0.0521*** (−10.1958)	−0.0513*** (−10.0553)
Controls	Y	Y	Y	Y	Y	Y
N	54262	54262	54262	54262	54262	54262
Adj.R^2	0.0710	0.0710	0.0710	0.1280	0.1280	0.1270

注：表格汇报 t 值。*、**、***分别表示在10%、5%、1%的统计水平下显著。

根据表4-9中的结果进行分析，在牛市中，机构投资者普遍乐观，对上市企业战略风险并不敏感，但是权威集团的机构投资者团体是能够感知企业风险的，但是负面效应要低于基准回归的平均水平，在市场乐观状态下，调节效应为正。在熊市中，机构投资者普遍对上市企业战略倾向出现的偏差依然不敏感，但是两者交互项的结果为正，说明在熊市中上市企业战略风险反而会被多数机构解读为积极战略，出现正向调节作用。但是权威集团的机构投资者团体则依然保持负面效应，既包括解释变量，也包括市态的调节作用。在震荡市中，机构投资者普遍因为市场不稳定而产生谨慎情绪，表现为市态的调节作用为负，但是权威集团的机构投资者团体则依然显著地不持有该类风险企业，与调节作用无关。

综上所述，机构投资者在有限理性行为下对企业经营战略风险的持有策略存在非对称性，同时机构投资者对上市公司的判断也不会脱离整体的市场环境。机构投资者的持有上市公司的判断，是在信息不对称的情况下寻找"次优解"的过程。

4.3 稳健性检验

4.3.1 因变量测度调整

在稳健性检验中不再使用前文所述的 GN 算法,而运用计算效率同样较高的 Fast unfolding 算法来解决聚类问题,在更换了该算法之后,如表 4-10 中的模型(1),机构投资者权威集团对上市企业战略风险依然为显著的负向关系。

4.3.2 自变量测度调整

如前文所述,由于中国上市公司关于广告及研发费用的对外披露数据不够充分,缺失较多,因此本书分别采用销售费用和无形资产净值来取近似值。在检验稳健性的时候将以上两个维度去掉,得到新的适用四个维度计算的 $DS_{i,t}$,并进行回归,检验结果如表 4-10 中的模型(2)、模型(3)。改变算法不影响结论。

表 4-10 因变量与自变量测度调整

变量	Groupown$_{i,t}$ (1)	Groupown$_{i,t}$ (2)	Groupcluster$_{i,t}$ (3)
$DS_{i,t}$	−0.0008* (−1.8471)	−0.0034* (−1.9545)	−0.0020*** (−3.0433)
N	54262	54262	54262
Constant	−0.0371*** (−10.4760)	−0.0241* (−1.8697)	−0.0512*** (−10.5646)
N	54262	54262	54262
Adj.R^2	0.0260	0.0450	0.1210

注:表格汇报 t 值。*、**、***分别表示在 10%、5%、1%的统计水平下显著。

4.3.3　网络阈值调整

当机构投资者持股比例的阈值提高至 5%、7%和 10%时进行检验，更高比例组成的矩阵对机构投资者普遍持股行为和权威集团持股行为进行再次度量，回归结果如表 4-11 中的模型（1）～模型（6）所示，由于机构投资者持有流通股的比例普遍不高，网络变得越来越稀疏，因此数据的实际意义越来越小，在整体回归中不够显著。其中机构投资者权威集团相对持股比例比较高，虽然负面影响程度在降低，但是依旧在 1%的统计水平上显著。随着机构投资者持有流通股比例的增加，回归系数也越来越小。大多数的机构投资者越来越不关心企业战略风险，但机构权威集团始终对企业战略风险较为关注。这一点也与我国的资本市场投资特点相符合。该结果也从另一个角度说明了验证结论具有一定的稳健性。

表 4-11　重仓定义调整后的稳健性检验

变量	Groupown$_{i,t}$（5%）（1）	Groupcluster$_{i,t}$（5%）（2）	Groupown$_{i,t}$（7%）（3）	Groupcluster$_{i,t}$（7%）（4）	Groupown$_{i,t}$（10%）（5）	Groupcluster$_{i,t}$（10%）（6）
$DS_{i,t}$	−0.0017 (−1.0325)	−0.0018*** (−2.9159)	−0.0021 (−1.4160)	−0.0016*** (−2.7248)	−0.0008 (−1.0833)	−0.0015*** (−2.6870)
Constant	−0.0409*** (−3.3193)	−0.0355*** (−7.6496)	−0.0229** (−2.3477)	−0.0355*** (−8.0223)	−0.0209*** (−4.1812)	−0.0296*** (−7.1799)
Controls	Y	Y	Y	Y	Y	Y
N	54262	54262	54262	54262	54262	54262
Adj.R^2	0.052	0.124	0.025	0.108	0.042	0.099

注：表格汇报 t 值。*、**、***分别表示在 10%、5%、1%的统计水平下显著。

4.4 企业价值创造——创新战略举例

机构投资者的有限理性行为决策能够识别企业战略差异带来的风险，但是战略差异是企业决策层为了提高自身竞争水平，在行业和市场中保持竞争优势而制定的策略和采用的系列行为。早期的战略管理认为企业战略可以有效地计划并取得较为确定的成果。部分战略差异是企业价值的体现，例如企业创新战略，在政策上我国政府对创新环境、配套政策、产业扶持等持续优化，企业有动机在战略和经营层面上倾向科技创新，那么在环境不对称的金融市场，机构投资者在有限理性行为下对企业科技创新的是具有偏好的。

4.4.1 机构投资者与企业创新

1. 企业价值创造与企业科技创新

从国家层面来看，技术进步和创新才是经济增长最持久的动力，是提高竞争力的重要引擎（Porter，1992）[61]。有研究表明，通过科学技术创新的驱动，发达国家在经济发展方面超越了发展中国家（Berg et al.，2019）[62]。如图4-3所示，第一列为中国与发达经济体，即日本、韩国以及主要西方经济体（德国、法国、英国、西班牙、丹麦、奥地利等欧洲国家，以及北美的美国等）之间的对比图；第二列为中国与东南亚经济体（印度尼西亚、马来西亚、泰国等）之间的对比图；第三列为中国与拉美经济体（巴西、阿根廷、墨西哥、哥伦比亚、乌拉圭、智利等）之间的对比图。时间跨度上，三列均为近20年来的创新投入与专利申请的国际数据。可以通过图4-3看出，西方经济体向来重视科技创新及知识产权，创新投入与产出位于世界先进水平。东亚（日本、韩国）及东南亚经济体创新发展也在与时俱进。中国的科技创新伴随着经济的飞速发展从总数上进一步扩大，相对增长速度整体更快。近些年来，我国科技研发投入速度并未放缓，但是专利申请数量的折线坡度明显放缓。这一现象与2017年之后追求高质量发展有关，其集中体现为解决发展中面临的不平衡不充分问题，转变增长方式、转换增长动力，全面提升经济发展的效率，创新质量的提升过程中一改数量上的粗放式发展，表现为折线图坡度的放缓。两类数据虽然不直接等于科技创新，且该数据并非人均而是总量，但是也能够说明创新发展的趋势。根据世界知识产权组织发布的2018年全球创新指数（Global Innovation Index 2018），中国排名第17，首次跻身前20名。

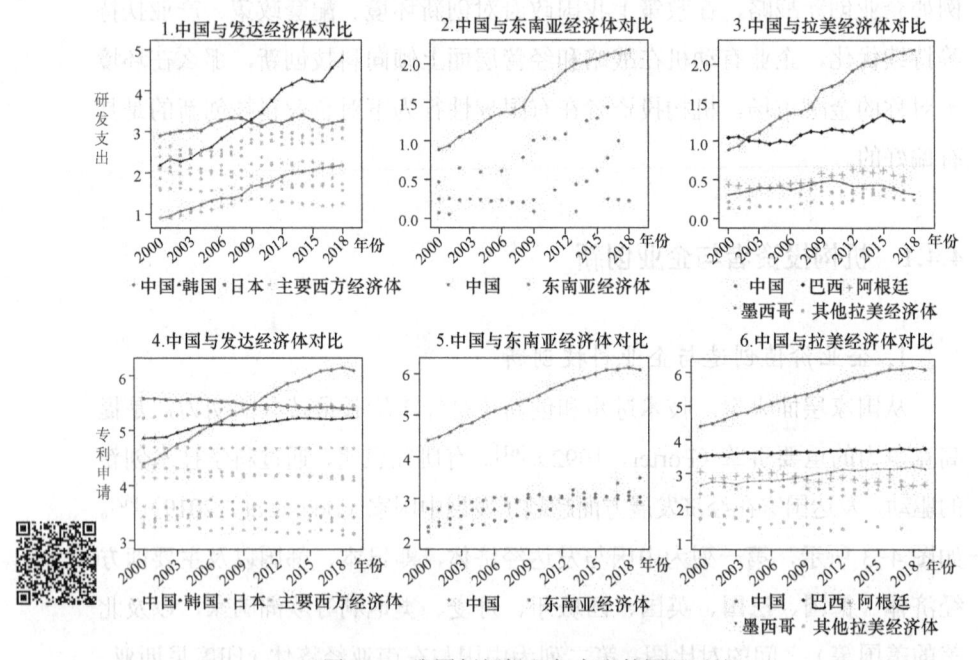

图4-3 我国创新投入与产出的国际对比

注：图4-3数据来源为CEIC中国经济数据库。其中研发包括基础研究、应用研究和实验发展。研发支出为样本的国内研究与发展（R&D）的总支出占GDP的百分比表达，具体包括企业、政府、高等教育和私人非营利组织四个相关部门的资本和经常性支出。数据库标注来源为联合国教科文组织统计研究所[1]。专利申请是通过PCT程序或向国家专利管理机构提出的世界范围内的专利申请，数据来源为世界知识产权组织（WIPO）中的WIPO assumes。为了在不改变数据的性质和相关关系的同时，压缩变量的尺度，削弱共线性、异方差性，图中对这一类数据做了对数处理。

---

[1] 相关网址：http://uis.unesco.org/

我国"十四五"规划明确提出,要坚持创新在我国现代化建设全局中的核心地位,把科技自立自强作为国家发展的战略支撑。2021年政府工作报告中"创新"一词被提及40余次。创新需要将科技创新与实体经济深度融合,培育壮大新动能,宏观政策明确后,多部门给予企业创新补贴、税收优惠、创新平台、科技企业认定、人才政策等多方配套。宏观层面的明确支持,会极大地促进企业创新的积极性,这一公开市场信息也表明,科技创新价值是证券市场中的明确利好,在企业价值中科技创新具有一定的典型性。投资者有充分的动机偏好该类企业价值。

作为微观个体,企业,尤其是上市公司作为我国市场经济中的重要主体,其创新能力不仅关系到自身竞争优势,对地区乃至国家经济实现持续的高质量增长也很重要。近些年来我国企业的科技创新竞争力的发展离不开以下几方面:政策上我国政府对创新环境的持续优化,科技政策、产业政策等诸多优惠政策的出台;金融市场上资本市场的输血与支持,资本结构的优化升级;企业自身的战略决策和发展规划。但现实未必这么简单,当企业确立了创新战略后,创新项目的资产等价值形成过程具有高风险、周期长、收益不确定等特点,会导致企业在这一过程中的外源融资短缺,就需要金融体系、机构投资者可以肩负促使资金从低效部门向高效部门流动的重要作用。目前,中国股票市场处于一个机构投资者常常采用基金抱团的方式进行投资或炒作的时期,甚至出现了"抱团股"炒作题材,今天"新能源",明天"元宇宙",这真的是出于机构投资者的价值偏好吗?还是在宏观政策落地后的题材炒作和博彩效应?如果是后者,那么该价值偏好是以套利为目的的,将不具有一致性。因此本节对机构投资者对企业价值创造——科技创新的偏好展开讨论。

2. 变量与数据

根据以往研究,在衡量企业科技创新时一般采用创新投入或者创新产出来衡量。本书包含的中国企业创新具体指标如下。

(1)创新投入 $Rdinput_{i,t}$。该变量是指企业研究和开发过程中所发生的费用投入。该支出被用来作为创新投入的指标,反映了企业在创新活动中投入的要素成本及规模大小，包括了人员费用，为创新提供了物质担保。本书使用上市公司企业研发支出占营业收入的比例计算创新投入。$Rdinput_{i,t}$越大，则说明该企业对创新越重视。

（2）创新产出 $Rdoutput_{i,t}$。虽然并不是所有的创新活动都会产生专利，但是专利技术是创新产出的指标中最直接、有效的衡量标准，它反映了创新转化为现实成果的能力，不仅反映基础创新的产出成果，也反映企业通过科技创新活动而流入的经济利益。由于发明专利技术含量最高、新颖性最强，申请难度也最高，为了更准确地反映企业无形资产情况及创新产出的市场价值，本书使用发明专利+1后的自然对数作为创新产出的衡量标准。$Rdoutput_{i,t}$越大，则说明该企业的创新成果越多。

（3）门限变量 $Invest_{i,t}$。该变量为企业创新投入导致与机构投资者持股决策间关系发生变化的门限变量。本书在处理数据时对上市企业创新投入的数值取对数，作为创新投入 $Rdinput_{i,t}$ 的门限值进行检验。

（4）门限变量 $Dtrun_{i,t}$。该变量为企业科技创新产出导致与机构投资者持股决策间关系发生变化的门限变量。本书在处理数据时使用上市公司平均超额换手率，即本期月换手率平均数–上期月换手率平均数，该换手率的计算方法得到的结果可正可负，具有方向性，能够很好地看到机构投资者的持股行为在方向是增加还是减少。因此使用它作为创新产出 $Rdoutput_{i,t}$ 的门限值进行检验。

文本的控制变量主要有：资本性支出比率（$Capital_{i,t}$），以企业资本性支出与年末资产总额的比率表示；固定资产规模（$Ppe_{i,t}$），以企业年末固定资产总额与同期总资产的比率表示；资产收益率（$Roa_{i,t}$），为企业净利润与年末总资产的比率；现金流（$Cash_{i,t}$），为企业年末现金资产与总资产的比率；资产负债率（$Mtb_{i,t}$），以年末负债总额与同期总资产的比率表示；企业所在地区生产总值增长率（$Gdpr_{i,t}$），以企业所在地级市的当地生产总值年增长率来表示。

由于创新类数据以企业年度数据为主，因此本节使用机构投资者行为年度数据。企业科技创新及门限变量、控制变量数据来源于国泰安数据库。

2006年以后，我国企业会计制度和审计准则存在较大差异，考虑到数据的完整性和准确性，本书选择2006—2019年为样本进行如下样本处理：剔除大型金融企业，进行去中心化处理；删除了ST类企业，保留正常交易企业；剔除年度数据中交易周数小于30的个股；删除计算被解释变量和核心解释变量时存在缺失的个体，最终得到14140个观测值，共1010个上市公司样本，如表4-12所示。本书在实证检验中对所有变量在1%和99%的水平上进行了Winsorize处理。

表4-12 变量的基本统计特征

变量	观测值	均值	标准差	最小值	最大值
$Groupown_{i,t}$	14140	0.0175	0.0398	0	0.2340
$Rdinput_{i,t}$	14140	0.0133	0.0250	0	0.2183
$Rdoutput_{i,t}$	14140	0.8034	1.8313	0	8.1784
$Invest_{i,t}$	14140	8.2478	9.0296	0.0001	22.2273
$Dtrun_{i,t}$	14140	−0.1413	0.3542	−1.7512	1.6767
$Capital_{i,t}$	14140	0.0474	0.0469	0	0.2721
$Ppe_{i,t}$	14140	0.1969	0.1833	0	0.7956
$Roa_{i,t}$	14140	0.0378	0.0517	−0.4348	0.2257
$Cash_{i,t}$	14140	0.1267	0.1098	0	0.6212
$Mtb_{i,t}$	14140	0.0311	0.0249	0.0040	0.2759
$Gdpr_{i,t}$	14140	0.1029	0.0350	−0.0470	0.2040

4.4.2 非线性关系的初步研究

机构投资者的有限理性行为持股行为与企业创新之间的影响机制无法事前确定，因此本书先对二者之间的影响关系进行线性效应、二次项的非线性和调节效应等模型的初步检验。初步回归的表达式如下：

$$Groupown_{i,t} = \alpha_1 + \beta_1 Rd_{i,t} + \beta_2 Control\_var_{i,t} + \delta_i + \eta_t + \varepsilon_{i,t} \quad (4.5)$$

$$Groupown_{i,t} = \alpha_1 + \beta_1 Rd_{i,t}^2 + \beta_2 Rdinput_{i,t} + \beta_2 Control\_var_{i,t} + \delta_i + \eta_t + \varepsilon_{i,t} \quad (4.6)$$

$$\text{Groupown}_{i,t} = \alpha_1 + \beta_1 Rd_{i,t} + \beta_2 Rd_{i,t} \times \text{Rhreshold}_{i,t} + \beta_2 \text{Control\_var}_{i,t} + \delta_i + \eta_t + \varepsilon_{i,t} \quad (4.7)$$

式（4.5）为线性效应检验，式（4.6）为二次项的非线性效应检验，式（4.7）为调节效应检验。式中，$\text{Groupown}_{i,t}$为机构投资者有限理性行为持股行为持有上市公司的股票；$Rd_{i,t}$为上市公司的科技创新，分为创新投入$\text{Rdinput}_{i,t}$和创新产出$\text{Rdoutput}_{i,t}$两个变量；$\text{Threshold}_{i,t}$表示如果函数存在多区间，则门限变量作为调节变量进行初步检验，这里具体的变量为$\text{Invest}_{i,t}$和$\text{dtrun}_{i,t}$；$\text{Control\_var}_{i,t}$（即$\text{Control\_variables}_{i,t}$）为控制变量；为避免遗漏变量造成的内生性影响，初步检验中控制了个体和时间，采用双重固定效应，分别用δ_i和η_t表示；$\varepsilon_{i,t}$为随机扰动项。

首先对式（4.5）、式（4.6）和式（4.7）所对应的模型进行回归分析，重点关注的是实验结果中一次项系数、二次项系数和叉积系数的显著性。对模型分别进行线性固定效应线性回归、非线性回归、调节效应回归，相关检验结果如表4-13所示。

模型（1）和模型（4）为固定效应的线性回归模型，使用聚类稳健标准误来修正面板中的异方差和自相关问题，从结果来看，企业科技创新投入与产出$\text{Rdinput}_{i,t}$、$\text{Rdoutput}_{i,t}$与基金抱团持有之间存在正相关的关系。模型（2）和模型（5）为非线性形式的二次项检验模型，从结果来看，企业科技创新投入与产出的二次项系数为负，模型可能存在倒U形关系。根据实证经验，部分模型虽然二次项显著，但是函数的极值点有可能不在值域内，因此有可能仍为线性的，通过进一步计算。根据回归结果将式（4.6）拟合如下：

$$\widehat{\text{Groupown}_{i,t}} = \widehat{\alpha_1} + \widehat{\beta_1} Rd_{i,t}^2 + \widehat{\beta_2} Rd_{i,t} + \widehat{\beta_2} \text{Control\_var}_{i,t} \quad (4.8)$$

那么根据模型的特点和回归结果，经Stata软件计算倒U形函数的转折点为

($\text{Rdinput}_{i,t}^*$, $\text{Groupown}_{i,t}^*$) = (0.0853, 0.0054) $\text{Rdinput}_{i,t} \in$ (0, 0.2183)

($\text{Rdoutput}_{i,t}^*$, $\text{Groupown}_{i,t}^*$) = (3.5258, 0.0013) $\text{Rdoutput}_{i,t} \in$ (0, 8.1783)

则式（4.8）及其转折点都位于第一象限内，具备现实经济意义。

表 4-13　初步研究的回归结果

变量	Rdinput$_{i,t}$（Invest$_{i,t}$）			Rdoutput$_{i,t}$（Dtrun$_{i,t}$）		
	模型（1）	模型（2）	模型（3）	模型（4）	模型（5）	模型（6）
Rd_put$_{i,t}$^1	0.1207*** (4.1268)	0.3053*** (5.5550)	0.5018*** (2.6099)	0.0007** (2.3211)	0.0034*** (3.1257)	0.0007** (2.2431)
Rd_put$_{i,t}$^2	—	-1.5382*** (-4.8006)	—	—	-0.0005*** (-2.7106)	—
Rd_put$_{i,t}$*threshold	—	—	-0.0201** (-2.0654)	—	—	-0.0001 (-0.2327)
Capital$_{i,t}$	0.0699*** (5.0280)	0.0689*** (4.9413)	0.0705*** (5.0666)	0.0737*** (5.2112)	0.0738*** (5.2246)	0.0737*** (5.2111)
Ppe$_{i,t}$	-0.0053 (-1.3477)	-0.0058 (-1.4626)	-0.0054 (-1.3725)	-0.0051 (-1.2955)	-0.0053 (-1.3412)	-0.0051 (-1.2961)
Roa$_{i,t}$	0.0701*** (5.2852)	0.0651*** (4.9198)	0.0714*** (5.3902)	0.0676*** (5.0962)	0.0680*** (5.1224)	0.0676*** (5.0965)
Cash$_{i,t}$	0.0137** (2.1422)	0.0138** (2.1582)	0.0133** (2.0844)	0.0147** (2.2735)	0.0141** (2.1911)	0.0147** (2.2739)
Mtb$_{i,t}$	0.1307*** (4.5643)	0.1349*** (4.7400)	0.1264*** (4.4042)	0.1450*** (4.9779)	0.1438*** (4.9627)	0.1450*** (4.9787)
Gdpr$_{i,t}$	0.1094*** (4.4957)	0.1124*** (4.6558)	0.1099*** (4.5219)	0.1075*** (4.3931)	0.1093*** (4.4749)	0.1075*** (4.3910)
_Cons	-0.0060** (-2.1364)	-0.0074*** (-2.6387)	-0.0060** (-2.1434)	-0.0055* (-1.9324)	-0.0058** (-2.0297)	-0.0055* (-1.9319)
Cluster（id）	Yes	Yes	Yes	Yes	Yes	Yes
Year fixed effect	Yes	Yes	Yes	Yes	Yes	Yes
Observations	14140	14140	14140	14140	14140	14140
R^2	0.0780	0.0810	0.0790	0.0760	0.0770	0.0760

注：表格汇报 t 值。*、**、***分别表示在 10%、5%、1%的统计水平下显著。

模型（3）和模型（6）为创新变量与对应的门限变量的叉积。在模型（3）中与门限变量 Invest$_{i,t}$ 的叉积为负数，说明机构投资者在选择有限理性行为持有公司股票的时候，对创新投入存在偏好，但是会受到创新物质投入的影响，随着这种投入的增多，创新风险加大，负面调节效应显著。在模型（6）中与门限变量 Dtrun$_{i,t}$ 的叉积为负数，说明机构投资者持有公司股票的时候，对科技创新产出存在偏好，本书想进一步探索创新成果中换手率的调节机制，虽然结果为负，但是统计结果不显著，可能存在的原因是：不存在调节效应或者存在多种方向的调节作用，有待进一步确认。调节效应的估计系数符号代表门限效应的方向。因此从目前的初步回归结果来看，无论是加入二次项还是交叉项，创新变量的一次项都是显著为正的，具有一定的稳定性。但是很明显使用线性模型不能很好地表达其中的经济关系，需要进一步优化，尤其是非线性函数未就是二次项函数，函数存在复杂性，应该进行区制分析。

4.4.3 门限回归区制分析

首先，在式（4.6）中加入二次项，检验二者之间是否为 U 形关系。一般情况下，加入二次项难以避免多重共线性，而多重共线性引起的方差膨胀会使得估计量的方差增大并最终导致回归系数的显著性下降。其次，初步研究结果无法具体描述函数的区制特征。为了进一步反映企业科技创新与机构投资有限理性行为持股行为之间的函数的结构变化，本书采用面板门限模型进行具体的实证研究。汉森（Hansen，1999）首次介绍了具有个体效应的面板门限模型的计量分析方法[63]，该方法以残差平方和最小化为条件确定门限值，并检验门限值的显著性，克服了主观设定结构突变点的偏误。具体思路是：选定某一变量作为门限变量，根据搜寻到的门限值将回归模型区分为多个区间，每个区间的回归方程表达不同，根据门限划分的区间将其他样本值进行归类，回归后比较不同区间系数的变化。以单门限举例来表述基准模型如下：

$$\text{Fundgroup}_{i,t} = \alpha_1 + \beta_1 \text{Rdoutput}_{i,t} \times \text{Ind}(\text{Drun}_{i,t} \leq \gamma) + \beta_2 \text{Rdoutput}_{i,t} \\ \times \text{Ind}(\text{Assets}_{i,t} > \gamma) + \gamma \text{Control\_var}_{i,t} + \delta_i + \eta_t + \varepsilon_{i,t} \quad (4.9)$$

$$\text{Fundgroup}_{i,t} = \alpha_1 + \beta_1 \text{Rdoutput}_{i,t} \times \text{Ind}(\text{Invest}_{i,t} \leq \gamma) + \beta_2 \text{Rdoutput}_{i,t} \\ \times \text{Ind}(\text{Invest}_{i,t} > \gamma) + \gamma \text{Control\_var}_{i,t} + \delta_i + \eta_t + \varepsilon_{i,t} \quad (4.10)$$

因此门限效应模型可以简写为

$$\text{Groupown}_{i,t} = \alpha_1 + \beta_1 Rd_{i,t} \times \text{Ind}(\gamma) + \gamma \text{Control\_var}_{i,t} + \delta_i + \eta_t + \varepsilon_{i,t} \quad (4.11)$$

式（4.9）中，解释变量为创新投入 $\text{Rdinput}_{i,t}$；$\text{Invest}_{i,t}$ 为创新投入导致与机构投资者有限理性行为持股行为间关系发生变化的门限变量。式（4.10）中，解释变量为创新产出 $\text{Rdoutput}_{i,t}$；$\text{Dtrun}_{i,t}$ 为创新产出导致与机构投资者抱团持有间关系发生变化的门限变量。因此在式（4.11）中，γ为待估的门限值；$Rd_{i,t}$和 Ind（·）分别为核心解释变量和示性函数；δ_i为个体效用；η_t为时间效应；$\varepsilon_{i,t}$为随机扰动项。

本书根据式（4.11）对模型进行门限效应检验，结合模型设定部分的阐述，我们运用 stata14.0 对门限效应进行检验。本书使用 Bootstrap 自抽样法，设定自举 300 次迭代，依次搜寻 400 个样本点得到模拟分布。表 4-14 中的模型（1）和模型（2）分别以研发的物质投入（$Invest_{i,t}$）和超额换手率（$Dtrun_{i,t}$）为门限变量进行回归。从表 4-14 的回归结果看，模型（1）的单门限检验的 F 值为 24.69，P 值为 0.0367，从而可以在 5%显著性水平下拒绝模型不存在门限值的原假设；模型（2）的单门限检验的 F 值为 9.00，P 值为 0.1000，从而可以在 10%边缘显著性水平下拒绝模型不存在门限值的原假设。在进行双门限检验时，模型（1）的 F 值为 6.55，P 值为 0.3533，不存在两个门限值；模型（2）的双门限检验的 F 值为 17.45，P 值为 0.0167；模型（4）在 5%显著性水平下存在两个门限值。

表 4-14 门限回归结果

检验类型	统计量	模型（1）	模型（2）
单一门限	γ	18.8907	−0.1836
	95%置信区间	[18.0350, 18.9513]	[−0.3917, −0.1816]
	F 值	24.69	9.00
	P 值	0.0367**	0.1000*
双重门限	γ_1	17.8045	−0.1836
	95%置信区间	[17.7858, 17.8228]	[−0.3517, −0.1816]
	γ_2	18.8907	0.0298
	95%置信区间	[18.7546, 18.9513]	[0.0233, 0.0306]
	F 值	6.55	17.45
	P 值	0.3533	0.0167**
参数设置	自举抽样次数	300	300
	搜寻点数	400	400
	Observations	14140	14140
	n	14	14

注：表格汇报 t 值。*、**、***分别表示在 10%、5%、1%的统计水平下显著。

为了提供更为直观的检验信息，模型（1）的单门限与模型（2）的双门限设置区间估计如图4-3所示，从左到右分别为创新投入 $Rdinput_{i,t}$ 的第一个门限值、创新产出 $Rdoutput_{i,t}$ 的第一个门限值和第二个门限值的检验结果。图中虚线确定了 LR 检验中门限值95%的置信区间；曲线为门限值所有搜寻点的集合，曲线中任意点的纵坐标为门限值的似然比；虚线与之相交的点为95%的置信区间。当置信区间比较狭窄，则说明受到不可观测因素的影响小，那么门限估计的结果就较准确。图4-4的结果验证了表4-14的回归结果。创新投入 $Rdinput_{i,t}$ 的第一个门限值显著，从图中来看估计值比较偏右。创新产出 $Rdoutput_{i,t}$ 的第一个门限值显著性不够充分，置信度也不够好；$Rdoutput_{i,t}$ 的第二个门限值表现最优，但是门限变量的调节方向是复杂的，这也许就是表4-13中的模型（6）不够显著的原因。机构有限理性行为下的持股行为与上市公司的创新投入、产出有关，但是并非简单的线性关系。

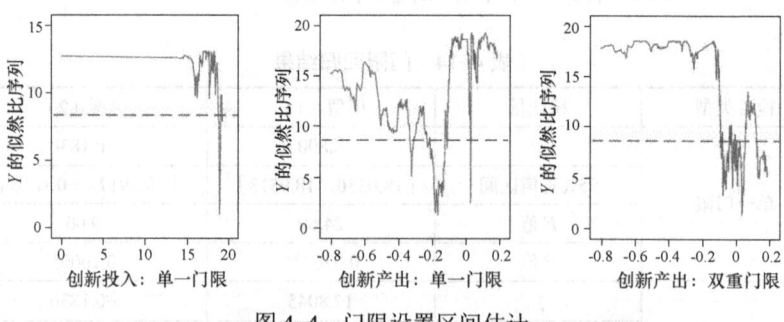

图4-4　门限设置区间估计

表4-15为门限回归结果。从模型（1）的回归结果可以看出，当创新的物质投入处于低水平区间［0.0001，18.8907］时，我们定义该阶段为上市公司创新投入有潜力阶段，在该阶段，随着企业对科技创新的重视，机构投资者存在偏好，其影响系数为6.82%。当进入创新投入过度阶段（18.8907，22.2273］时，机构投资者的持有随着创新投入的继续提高而出现下降，机构投资者感受到潜在风险。模型（1）展示的机构投资者有限理性行为下的持股行为下的与企业创新投入的关系在单门限下的符号为（+，

-),我们认为该影响关系呈现出双区间。随着企业的创新投入转化为创新产出,我们需要从产出角度来进行分析,并关注换手率下二者之间的非线性关系。

表4–15 固定效应的回归结果

变量	模型（1）	变量	模型（2）
$Rdinput_{i,t}$（$Invest_{i,t} \leq \gamma$）	0.0682*** (3.4969)	$Rdoutput_{i,t}$（$Dtrun_{i,t} \leq \gamma_1$）	−0.0006** (−2.4175)
$Rdinput_{i,t}$（$Invest_{i,t} > \gamma$）	−0.0392** (−2.1740)	$Rdoutput_{i,t}$（$\gamma_1 < Dtrun_{i,t} \leq \gamma_2$）	0.0006** (2.6400)
—	—	$Rdoutput_{i,t}$（$Dtrun_{i,t} > \gamma_2$）	−0.0008*** (−2.5515)
$Capital_{i,t}$	0.0519*** (7.1674)	$Capital_{i,t}$	0.0519*** (7.1620)
$Ppe_{i,t}$	−0.0046** (−2.0295)	$Ppe_{i,t}$	−0.0045** (−1.9781)
$Roa_{i,t}$	0.0284*** (4.4537)	$Roa_{i,t}$	0.0274*** (4.3220)
$Cash_{i,t}$	0.0101*** (3.2148)	$Cash_{i,t}$	0.0102*** (3.2542)
$Mtb_{i,t}$	0.1585*** (11.9365)	$Mtb_{i,t}$	0.1671** (12.5968)
$Gdpr_{i,t}$	−0.0754*** (−8.0416)	$Gdpr_{i,t}$	−0.0800*** (−8.9900)
_Con	0.0162*** (14.0366)	_Con	0.0168*** (15.8031)
Observations	14140	Observations	14140
F 值	40.1580	F 值	35.8609
R^2	−0.0518	R^2	−0.0517

注：表格汇报 t 值。*、**、***分别表示在10%、5%、1%的统计水平下显著。

从模型（2）的回归结果看,当进入平均超额换手率较低的减仓阶段[−1.7512,−0.1836]时,回归系数为负,该区间的市场投资者很可能出于各种市场气氛不活跃或者其他风险原因而调整仓位,退出持有,机构对于该阶段的创新产出没有偏好,并带来0.06%的负面效应；当进入平均超额换手率适度阶段（−0.1836,0.0298]时（表4–13中样本中市场投资者平均超额换手率为−0.1413）,这个区间中市场投资者处于正常交易状态,随着企业科技创新成果与产出的增加,机构投资者的偏好程度也随之提高,其影响系数为 0.06%；当进入平均超额换手率较高的动荡阶段（0.0298，1.6767］时，机构投资者对于创新过度的企业，基于市场气氛或者上市公司经营风险等原因，出现持有股票上的负面影响。模型（2）展示的机构投资者有限理性行为下的持股行为与企业科技创新产出的关系在双重门限下的符号为（−，+，−），我们认为该影响关系呈现出三区间。

因此，机构投资者有限理性行为下偏好企业科技创新，偏好存在"创新潜力"的上市公司，假设 4-3 符合实证结果。机构投资者有限理性行为下对企业科技创新的偏好缺乏一致性，并不偏好"创新过度"的上市公司，假设 4-4 部分得以证明。

以上门限效应的回归，弥补了表 4-13 中线性回归、二次项回归和调节效应存在的问题，进一步优化了创新投入、创新产出与机构投资者的持股偏好的非线性关系。从实证结果的角度出发，二者之间存在区制上的异质性。图 4-5 更加直观地反映了回归结果，其中图 4-5（A）为企业创新投入与机构投资者持股偏好的影响关系，二者之间存在倒 U 形关系，与初步研究的推断结果一致。图 4-5（B）为企业创新产出与机构投资者有限理性持有的影响关系，二者之间存在反 N 形关系。这也解释了调节效应不显著是因为调节是多方向的。

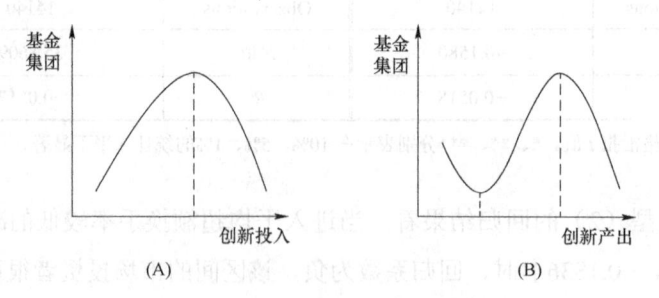

图 4-5 门限回归结果下的区间异质性

4.4.4 滞后算子的区制检验

创新投入 $Rdinput_{i,t}$ 和创新产出 $Rdoutput_{i,t}$ 两个数据都是企业科技创新的衡量指标，但是二者在进行门限回归时有差异。企业的创新并不是一蹴而就的，有一个周期性的过程，但是创新的产出来源于投入，因此二者之间是存在关系的。我们将创新投入 $Rdinput_{i,t}$ 滞后一期用来替代创新产出 $Rdoutput_{i,t}$，研究滞后数据在门限变量 $Dtrun_{i,t}$ 下的回归结果如表 4-16 所示。

表 4-16　滞后算子检验的回归结果

双重门限	统计量	变量	模型（2）
γ_1	−0.1353	$L.Rdinput_{i,t}$ （$Dtrun_{i,t} \leqslant \gamma_1$）	−0.0784*** (−3.6861)
95%置信区间	[−0.1438，−0.1340]	$L.Rdinput_{i,t}$ （$\gamma_1 < Dtrun_{i,t} \leqslant \gamma_2$）	0.0590*** (3.1332)
γ_2	0.1257	$L.Rdinput_{i,t}$ （$Dtrun_{i,t} > \gamma_2$）	−0.0793*** (−2.6853)
95%置信区间	[0.1128，0.1277]	$Capital_{i,t}$	0.0510*** (6.4926)
F 值	23.94	$Ppe_{i,t}$	−0.0051** (−2.0984)
P 值	0.0000***	$Roa_{i,t}$	0.0246*** (3.7684)
自举抽样次数	300	$Cash_{i,t}$	0.0095*** (2.8905)
搜寻点数	400	$Mtb_{i,t}$	0.1663** (11.9876)
Observations	13130	$Gdpr_{i,t}$	−0.0813*** (8.0573)
n	13	_Con	0.0173** (14.5515)
—	—	F 值	31.89
—	—	R^2	0.0231

注：表格汇报 t 值。*、**、***分别表示在 10%、5%、1%的统计水平下显著。

根据表 4-16 可以得出结论，创新投入虽然不等于产出，他们的具体结果与创新的投入产出效率相关，但是加入滞后算子的 $L.Rdinput_{i,t}$ 存在双重门限效应，在回归结果中依然呈现反 N 形的、符号为（−，+，−）的三区制的模型特点，说明两个创新指标具有一致性，考虑了科技创新因素之后表现出相同的函数区制特征，同时也证明了模型的稳健性。

4.4.5 情绪传导与遮掩效应

反 N 形函数较为复杂，说明机构投资者对于企业创新成果的认知可能比较复杂，本节需进一步探索机构投资者对于创新所结出的果实为何存在非一致性。在机构投资者有限理性持股行为研究中，创新产出 $Rdoutput_{i,t}$ 在使用平均超额换手率作为门限变量的时候，其呈现出一种反 N 形的函数特点。在证券市场的相关研究中，换手率指标经常用来衡量市场的交易气氛或者市场情绪（Baker et al.，2003）[64]，认为无论是个股还是市场层面，换手率都是投资者情绪较好的度量指标。刘等（Liu et al.，2019）使用换手率测量了个股的投资者情绪，并认为投资者情绪可以解释中国股市中的绝大多数市场异象[65]。从该角度出发，通过门限模型的回归结果，可以把上市公司科技创新、机构投资者基金"抱团"持有与个股情绪、市场气氛联系起来。关于其中市场层面及个股层面的换手率计算如下。

运用依靠主成分分析将单一指标构建成综合指数来反映市场情绪的研究思想，结合中国的相关研究，国泰安数据库公布了两类市场层面的情绪指数：投资者情绪指数（ISI 指数）与投资者情绪综合指数（CICSI 指数）。本书计算的个股超额换手率 $Dtrun_{i,t}$ 为第四季度月换手率平均数减去第三季度月换手率平均数。因为第四季度的数据与年末的上证综合指数这类时点值更加匹配，为市场的投资者情绪指数。

如图 4-6 所示，黑色折线为上海证券交易所综合指数（SSE 指数）；点线段为 $Dtrun_{i,t}$ 的样本均值 $Mdtrun_{i,t}$；灰色折线为 ISI 指数❶；虚线为 CICSI 指数❷。从图中可以看到，个股情绪与市场情绪因为计算口径、方法和单位的不同，时间走势上出现细节上的差别。但是结合中国股市的实际，四个指数的波动性具有长期的一致性，个股的 $Mdtrun_{i,t}$ 与 SSE 指数存在关

---

❶ ISI 指数：国泰安数据库中股票市场的投资者情绪指数。
❷ CICSI 指数：中国股票市场投资者情绪综合指数。

系。行为金融学认为交易者情绪是资本定价中存在的重要因素,我们对在情绪因素的冲击下的机构投资者的持股偏好与企业科技创新产出做进一步研究。

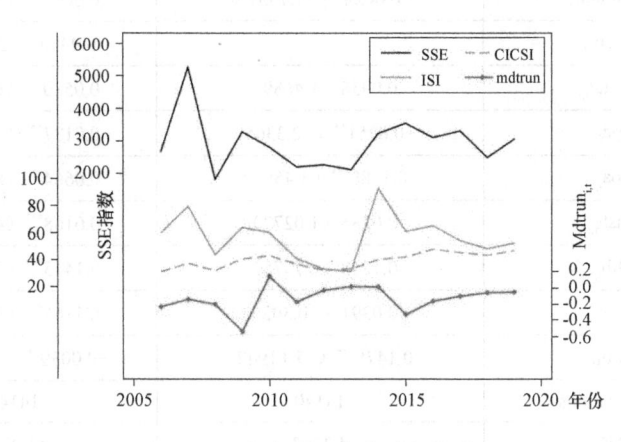

图 4-6 股指与换手率的时间趋势

个股超额换手率 $Dtrun_{i,t}$ 作为进一步研究的部分,可以表示个股投资者情绪的数据,可能成为企业创新影响机构投资者抱团持有的传导路径之一。基于巴伦和肯尼(Baron and Kenny,1986)提出的检验中介效应逐步回归法[66],本书根据被解释变量机构投资者有限理性行为下的持股偏好、解释变量企业科技创新产出、中介变量投资者情绪三者之间可能存在的影响路径,构建如下中介效应模型进行检验:

$$\begin{cases} Groupown_{i,t} = \alpha_0 + \alpha_1 Rdoutput_{i,t} + \alpha_2 Control\_var_{i,t} + \delta_i + \eta_t + \varepsilon_{i,t} \\ Dtrun_{i,t} = \beta_0 + \beta_1 Rdoutput_{i,t} + \beta_2 Control\_var_{i,t} + \delta_i + \eta_t + \varepsilon_{i,t} \\ Groupown_{i,t} = \theta_0 + \theta_1 Rdoutput_{i,t} + \theta_2 Dtrun_{i,t} + \theta_3 Control\_var_{i,t} + \delta_i + \eta_t + \varepsilon_{i,t} \end{cases}$$

(4.12)

其中,平均超额换手率 $Dtrun_{i,t}$ 为中介变量,表示个股 i 的投资者情绪。其中第一个表达式在前文表 4-13 的模型(4)已经汇报过结果,即系数 α_1 为 0.0007(t=2.3211),在 5%的统计水平上显著。方程组中的第二个和第三个表达式回归结果如表 4-17 所示。

表 4-17 中介效应的回归结果

变量	公式 2 $Dtrun_{i,t}$	公式 3 $Groupown_{i,t}$
$Rdoutput_{i,t}$	−0.0024* (−1.7351)	0.0007*** (3.7936)
$Dtrun_{i,t}$	—	0.0020** (2.2649)
$Capital_{i,t}$	0.0938 (1.4689)	0.0580*** (6.9908)
$Ppe_{i,t}$	−0.0351** (−2.3365)	−0.0137*** (−7.4027)
$Roa_{i,t}$	0.1888*** (3.4588)	0.0664*** (8.5914)
$Cash_{i,t}$	0.0285 (1.0277)	0.0168*** (4.5855)
$Mtb_{i,t}$	0.1248 (0.7975)	0.1443*** (8.9426)
$Gdpr_{i,t}$	−0.0391 (−0.3025)	0.1166*** (8.5594)
_Con	−0.1475*** (−10.1942)	−0.0039** (−2.5114)
Observations	14140	14140
F 值	4.3297	51.2372
R^2	−0.0518	−0.0517

注：表格汇报 t 值。*、**、***分别表示在 10%、5%、1%的统计水平下显著。

由表 4-17 的结果可以看出，如式（4.12）所示，解释变量对中介变量的系数 β_1=−0.0024，显著为负，说明投资者情绪抑制了机构投资者持有该股票。式中的解释变量 $Rdoutput_{i,t}$ 与中介变量 $Dtrun_{i,t}$ 对被解释变量的系数 θ_1=0.0007 和 θ_2=0.0020（系数 θ_1 是中介变量作为潜变量被控制后的影响结果），二者都统计显著。具体效应的直接占比 $|\beta_1\theta_2/\theta_1|$=0.0069，相对占比 $|\beta_1\theta_2|/(|\beta_1\theta_2|+|\theta_1|)$=0.0068。

具体关系如图 4-7 所示，$\beta_1\theta_2$ 与 θ_1 异号，说明投资者情绪在机构投资者持有偏好与上市企业创新之间存在遮掩效应。该图表达了几个问题：第一，企业增加科技创新投入，确实能促进机构投资者的偏好。第二，企业创新不能正向的与投资者情绪产生关联，二者之间出现负向关系，企业将流动资产、人力物力投入后转化为科技力的过程，实质上是对内投资、开发无形资产的过程。该过程影响了企业的流动性，并增加了企业的经营风险和财务压力，而股市中普遍的存在投资者情绪，部分投资者更加关注短期炒作气氛。第三，投资者情绪与机构投资者持股偏好之间正相关，当个股受到投资者偏好的时候，一般是结构性的，市场面普遍看好，机构投资者也会持有。第四，企业创新投入的增加与机构投资者持有之间的正相关关系中，投资者情绪起到了中介作用，但是科技创新的融资效应会受到整体的投资者情绪的遮掩效应的影响。第五，从具体数据来看，投资者情绪虽然能够产生遮掩效应，但是占比并不高，也说明了机构投资者在持有股票的时候有自身的策略及判断标准。因此那些贴着"创新过度"标签的上市公司，或者在财务披露中存在表内无形资产投资异常的上市公司，其股权融资的效果与市场情绪之间存在传导机制上的关联性，上市公司过高的科技创新、机构投资者有限理性持有行为与市场情绪之间存在传导机制上的关联性，假设4-4的推断符合经验检验。

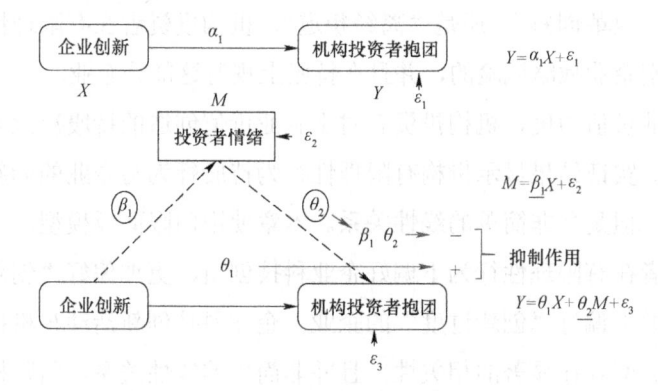

图4-7 投资者情绪的遮掩效应

4.5 本章小结

本章节针对机构投资者有限理性行为与企业之间的关系，重点研究两个问题：机构投资者有限理性行为是否可以识别企业经营战略风险，以及对企业价值创造是否具有偏好。

从企业战略风险角度，机构投资者对持有该企业流通股的决策认可程度越低，由于其中资本市场中的机构权威集团更加专业化操作，其负向影响更加显著。两者对于以财务与融资为主导的战略风险都不敏感。同时大多数的机构投资者在进行是否持股的决策时比较关注资产负债表事项，而机构权威集团则更加关注利润表事项。机构投资者不能接受上市国有企业战略风险较大，但是对于民营企业和外资企业则并不敏感。在市场整体行情出现不同的风格变化时，机构投资者也出现了不同的持股行为，其具体的调节作用具有非对称性。总之，作为外部权益人的机构投资者对企业战略风险的态度，在不同战略领域、不同企业性质、不同市场风格中有所不同。但是总体上而言，表现出了负面态度。其中原因可能为企业采用非常规的战略路线，可能会增加经营风险和营业成本，导致本身的估值不稳，出现价值波动；同时由于信息不对称，机构投资者无法细致分辨对方的战略到底是"改革创新"，还是"离经叛道"，机构投资者在有限理性行为下是可以识别企业战略风险的，并且在持股上规避这部分企业。

从企业价值角度，机构投资者对于企业价值创造的持股决策并没有偏好一致性。实证结果显示机构有限理性行为持股行为与企业的创新投入、产出有关，但是并非简单的线性关系。本章使用门限面板模型研究发现：机构投资者在有限理性行为下偏好企业科技创新，更加偏好"创新潜力"的企业，并不偏好"创新过度"的企业。企业科技创新活动与机构投资者抱团持有之间存在显著的相关性，且并非简单的线性关系。门限模型的回归结果显示，创新投入与机构投资者持有之间存在倒 U 形的关系，企业创新投入的增加可以提高机构投资者的持有动因，但是峰值过后创新投入越多，机构投资者持有比例越会下降。企业创新产出与机构投资者持有之间的关系显然更为复杂，在门限变量为投资者情绪的时候，二者之间存在反 N 形的关系。当投资者情绪很低落，市场状态不佳时，创新产出与机构投资者持有之间负相关，创新指标难以扭转市场情绪带来的负面影响。当投资者情绪位于一个中间区域时，创新产出越高，外部的机构投资者持有比例越高，呈现积极的影响作用。随着市场情绪进一步提升，投资者整体的换手率很高，频繁开始"击鼓传花"时，机构投资者反而可以感受到市场风险因素,从而选择退出,这很有可能完成了套利的过程。当然这些过程是根据函数状态进行的推测,但是同为科技创新的代理变量,二者的函数结果不同,需要进一步探究。本书考虑到创新需要时间周期,因此考虑滞后算子,则函数结果相同,都是三区制的函数;然后通过中介效应发现情绪因素影响了机构投资者的持股行为。总之,机构投资者的有限理性行为确实对企业价值存在偏好,但是该偏好并没有一致性,它受到了机构投资决策者本身的主观因素影响。

第 5 章

机构投资者有限理性行为与市场

本章主要研究机构投资者作为一个决策群体而非个体决策者，其有限理性行为对市场走势造成的影响。另外，由于作为群体考虑时，机构之间相互了解的程度很深，它们相互获取信息以资参考，那么群体间私有信息的传播也会对市场走势产生重要影响。通过对机构投资者有限理性的持股行为和私有信息传播与市场走势之间关系的研究，从中观层面证明了机构投资者与市场之间的相关假设。该问题的研究关系到相关部门、其他投资者正确认识机构投资者的集体行为后果，以增强监管针对性，发挥"稳定器"的作用，保护中小投资者权益，防范金融风险。

5.1 市场变量、模型构建与数据来源

5.1.1 市场变量

本研究选择的股市走势数据为上海证券综合指数。上海证券交易所是以大、中、小型企业多层次蓝筹股为主的二级证券交易市场，也是全球增长最快的新兴证券市场之一。上海证券综合指数，简称"上证综指"，其基日指数是 100 点。该指数是全体在上海证券交易所上市股票使用发行量作为权值进行计算的加权综合股价指数，它能够反映大盘中股票总体的价格变动情况。该指数是中国最早发布的指数，也是判断中国二级证券市场基

本走势的核心指数。正是因为它最具有代表性,其作为中国股票市场走势的代理变量 SC_Index 具有合理性。

5.1.2 模型构建

普里米切里（Primiceri,2005）提出了时变参数向量自回归模型（TVP-VAR-SV）[67],该模型的系数和协方差矩阵都可以随时间推移而不断变化,可以用于解释经济现象之间的非线性关系和时变性特点。中岛（Nakajima,2011）通过运用数理方法进行模拟,对比了该模型与 VAR 模型的优势,认为 TVP-VAR-SV 模型能够有效地提高估计的精准度,也可以更好地拟合出不同时点的经济数据[68]。为了更好地捕获机构持股行为、机构间私有信息传播和二级证券交易市场基本走势的渐变特征与时变冲击效应,在分析不同时点和间隔下各变量之间相互作用机制时,本书采用 TVP-VAR-SV 模型。首先建立一个 s 阶滞后的基本的 SVAR 模型:

$$A\boldsymbol{y}_t = \boldsymbol{F}_1\boldsymbol{y}_{t-1} + \boldsymbol{F}_2\boldsymbol{y}_{t-2} + \cdots + \boldsymbol{F}_s\boldsymbol{y}_{t-s} + \boldsymbol{v}_t, t = s+1,\cdots,n \quad (5.1)$$

其中 $\boldsymbol{y}_t$ 为 t 期的 k 个内生变量的 $k \times 1$ 维的列向量; A, $\boldsymbol{F}_1$, $\cdots$, $\boldsymbol{F}_s$ 是 $k \times k$ 维系数矩阵;随机误差向量 $\boldsymbol{v}_t$ 为新息过程,设 $\boldsymbol{\Sigma}$ 是 $k \times 1$ 维的结构冲击矩阵, $\boldsymbol{v}_t \sim N(0, \boldsymbol{\Sigma})$, $\boldsymbol{\Sigma}$ 为

$$\boldsymbol{\Sigma} = \begin{bmatrix} \sigma_1 & 0 & \cdots & 0 \\ 0 & & & \vdots \\ \vdots & & & 0 \\ 0 & \cdots & 0 & \sigma_k \end{bmatrix} \quad (5.2)$$

SVAR 是通过增加约束条件来减少 VAR 的待估参数,假定系数矩阵 A 为下三角矩阵:

$$A = \begin{bmatrix} 1 & 0 & \cdots & 0 \\ \alpha_{21} & & & \vdots \\ \vdots & & & 0 \\ \alpha_{k1} & \cdots & \alpha_{k,k+1} & 1 \end{bmatrix} \quad (5.3)$$

对式（5.1）进行化简后得：

$$y_t = B_1 y_{t-1} + B_2 y_{t-2} + \cdots + B_s y_{t-s} + A^{-1}\Sigma\varepsilon_t \qquad (5.4)$$

式中，$B_i=A^{-1}F_i$；ε_t 为随机误差项，$\varepsilon_t \sim N(0, I_k)$，$t=s+1,\cdots,n$。该列式将系数矩阵 B_i 按照矩阵的行元素进行叠加。模型可以进一步表达为

$$y_t = X_t\beta + A^{-1}\Sigma\varepsilon_t \qquad (5.5)$$

式中，$X_t = I_k \otimes (y_{t-1}, y_{t-2}, \cdots, y_{t-s})$，其中 I_k 为 $k \times k$ 的单位矩阵，$\otimes$ 为 Kronecker 乘积，$t=s+1,\cdots,n$。该表达式中 β、A 和 Σ 是固定的，将这一假设条件放松为待估参数均服从时变的一阶随机游走过程，得到 TVP-VAR-SV 模型为

①回归方程

$$y_t = X_t\beta + A^{-1}\Sigma\varepsilon_t \qquad (5.6)$$

②估算系数

$$\beta_{t+1} = \beta_t + \mu_{\beta t} \qquad (5.7)$$

③时变系数

$$\alpha_{t+1} = \alpha_t + \mu_{\alpha t} \qquad (5.8)$$

④随机波动率

$$h_{t+1} = h_t + \mu_{ht} \qquad (5.9)$$

式中，y_t 为机构持股行为、机构间私有信息传播和证券交易市场基本走势，$t=s+1,\cdots,n$，$\beta_{s+1} \sim N(\mu_{\beta 0}, \Sigma_{\beta 0})$，$\alpha_{s+1} \sim N(\mu_{\alpha 0}, \Sigma_{\alpha 0})$ 和 $h_{s+1} \sim N(\mu_{h0}, \Sigma_{h0})$。假设外部冲击服从联合正态分布，其随机游走过程：

$$\begin{bmatrix} \varepsilon_t \\ \mu_{\beta t} \\ \mu_{\alpha t} \\ \mu_{ht} \end{bmatrix} \sim N \left(0, \begin{bmatrix} I & 0 & 0 & 0 \\ 0 & \Sigma_\beta & 0 & 0 \\ 0 & 0 & \Sigma_\alpha & 0 \\ 0 & 0 & 0 & \Sigma_h \end{bmatrix} \right) \qquad (5.10)$$

按照 Nakajima 的建模思路，假设 Σ_β、Σ_α 和 Σ_h 为对角矩阵，且满足以下先验条件：

$$(\Sigma_\beta)_i^{-2} \sim Gamma(20, 0.01)$$

$$(\Sigma_\alpha)_i^{-2} \sim Gamma(2, 0.01)$$

$$(\Sigma_h)_i^{-2} \sim Gamma(2, 0.01)$$

采用了 MCMC 的方法进行抽样模拟。

5.1.3 数据来源

本书选择 2006 年为研究起点的主要原因为：2001 年中国引入"好人举手"制度，并成立了第一只公募基金；2002 年为社保基金管理人完善与选拔制度年；《中华人民共和国证券投资基金法》于 2003 年通过，自 2004 年 6 月 1 日起施行；2005 年银行系统的关联基金公司相继成立，逐步完成基金市场作业中的制度建设、法律配套、参与主体等要素的构建。因此选择 2006 年作为研究起点年份。

本书使用数据来源：计算数据选择 2006 年第一季度至 2021 年第一季度共计 61 期数据。构建机构持股网络中使用了沪深 A 股流通股同期数据；上证综指按照惯例使用数据当期当日的收盘价格。考虑到我国政府的决策会议召开时点、金融机构信贷投放与社会融资体量、基金等机构考核制度等宏观和微观原因的存在，中国证券交易市场向来存在季节性规律。为消除季节趋势的影响，本书对机构持股行为、机构间私有信息传播和市场基本走势三个变量，使用 Census X-12 方法进行季节调整。

按照本书研究实际，我们选取第 3 章中机构投资者的密度熵和结构熵变量研究市场问题，将主要变量整理如表 5-1 所示。

表 5-1 变量说明

变量名称	代理变量说明	变量计算
机构持股行为	加权度序列熵	E_IIhold
机构间私有信息传播	一阶结构熵	E_IIinfo
市场基本走势	上证综合指数	SC_Index

5.2 模型适用性检验

5.2.1 平稳性检验

本节使用时间序列对机构投资者有限理性行为与市场关系进行建模分析，由于多个有趋势的时间序列之间可能会因为各自都间接与时间因素相关而导致伪回归问题，为避免非平稳带来的估计和验证的统计量产生偏误，需要对原始序列进行平稳性检验。

如表 5-2 所示，后三行滞后长度选择 2 的时候，所有序列的 ADF 检验都在 1%的显著性水平下拒绝原假设（存在单位根），各序列在相同置信水平下都是平稳的，不需要进行差分，符合时间序列的模型要求。

表 5-2 单位根检验

变量	检验类型 (C, T, K)	ADF 检验 T 统计量	P 值	1%临界值	显著性水平 5%临界值	10%临界值	结论
SC_Index	(C, 0, 1)	-3.4536	0.0541	-4.1213	-3.4878	-3.1723	不平稳
E_IIhold	(C, 0, 1)	-3.6877	0.0310	-4.1213	-3.4878	-3.1723	平稳
E_IIinfo	(C, 0, 1)	-3.9216	0.0171	-4.1213	-3.4878	-3.1723	平稳
SC_Index	(C, 0, 2)	-4.0726	0.0115	-4.1243	-3.4892	-3.1731	平稳
E_IIhold	(C, 0, 2)	-3.6512	0.0340	-4.1243	-3.4892	-3.1731	平稳
E_IIinfo	(C, 0, 2)	-3.8053	0.0232	-4.1243	-3.4892	-3.1731	平稳

注：C, T, K 分别为 ADF 检验模型中的截距项、时间趋势项和滞后项。

5.2.2 模型滞后期

机构投资者的投资持股与信息传播对市场造成的影响或市场阴影期，都有可能受到前期影响而产生滞后效应。本书对滞后期进行判断，结果如表 5–3 所示，根据 AIC、SIC 和 HQIC 等信息准则，在时间序列的模型应用的时候判断最佳滞后期数。

表 5–3 最佳滞后期判断

Lag	LogL	LR	FPE	AIC	SIC	HQIC
0	66.0094	NA	1.86e−05	−2.3777	−2.2662	−2.3348
1	129.7290	117.8212*	2.36e−06*	−4.4426*	−3.9965*	−4.2711*
2	132.1933	4.2778	3.04e−06	−4.1960	−3.4153	−3.8958
3	138.9092	10.8974	3.34e−06	−4.1098	−2.9945	−3.6809
4	144.9851	9.1711	3.79e−06	−3.9994	−2.5496	−3.4419
5	151.7340	9.4230	4.24e−06	−3.9145	−2.1301	−3.2283
6	164.8061	16.7718	3.80e−06	−4.0682	−1.9492	−3.2533

注：表格汇报 t 值。*、**、***分别表示在 10%、5%、1%的统计水平下显著。

当滞后阶段为 1 的时候，各准则具有显著性。由于受到机构数据可获得性的影响，本节采用季度数据，滞后 1 期为三个月，对数自然值最大，AIC 最小，因此判断本书的最佳滞后期为 1 期。

5.2.3 抽样设置

本节估计了三个变量的 TVP-VAR-SV 模型，参数采用 MCMC 抽样估计。该算法的基本思路是：通过先验分布初始化参数；然后通过 MCMC 方法抽取后验分布，估计参数的后验条件概率；最后进行时变脉冲响应分析。根据经验我们设定抽样的次数为 22000 次，去掉 2000 次预烧样本。设定初始参数值为$\mu_{\beta 0}=\mu_{\alpha 0}=\mu_{h0}$，$\pmb{\Sigma}_{\beta 0}=\pmb{\Sigma}_{\alpha 0}=\pmb{\Sigma}_{h0}=10\pmb{I}$，且满足以下先验条件：$(\pmb{\Sigma}_{\beta})_i^{-2}$~Gamma（20，0.01）；$(\pmb{\Sigma}_{\alpha})_i^{-2}$~Gamma（2，0.01）；$(\pmb{\Sigma}_{h})_i^{-2}$~Gamma（2，0.01）。根据信息准则，本书选用1阶滞后。

表5-4报告了参数估计后得到的数量诊断。从结果来看，第一，Geweke检验的结果均低于1.96，表明在5%的显著性水平下无法拒绝参数收敛于后验分布的原假设，在迭代周期中预烧抽样能够有效地使得马尔科夫链趋于集中。第二，无效因子普遍较小，最大值仅为60.36，在一般所能接受的范围100以内，在计算过程中MCMC随机抽样20000次，至少可以获得331（20000/60.36）个有效样本，表明了该参数估计的结果具有较高的有效性。

表5-4 MCMC参数估计检验

参数	均值	标准差	95%置信区间	Geweke检验	无效因子
s_{b1}	0.0223	0.0025	[0.0181，0.0277]	0.0700	3.3800
s_{b2}	0.0226	0.0026	[0.0183，0.0282]	0.6290	4.8800
s_{a1}	0.1053	0.0306	[0.0586，0.1785]	0.5340	31.0800
s_{a2}	0.0627	0.0168	[0.0383，0.1029]	0.0110	10.1900
s_{h1}	0.3965	0.1756	[0.1607，0.8140]	0.3760	60.3600
s_{h2}	0.2424	0.1247	[0.0785，0.5464]	0.0960	59.2200

注：表格为MCMC参数回归结果。表中行元素s_{b1}、s_{b2}、s_{a1}、s_{a2}、s_{h1}、s_{h2}分别对应矩阵$\pmb{\Sigma}_{\beta}$、$\pmb{\Sigma}_{\alpha}$和$\pmb{\Sigma}_{h}$的第一个、第二个对角元素。表中列元素为后验分布的均值、标准差、95%置信区间、Geweke检验诊断值和无效因子。格韦克（Geweke，1992）提出的收敛性检验（Convergence Diagnostics）[69]，其原假设为参数收敛于后验分布。无效因子一般低于100是可以接受的。

MCMC估计分布图如图5-1所示，图中三行子图分别为样本自相关函数、样本取值路径和后验分布密度函数的结果。从图中结果来看，剔除预烧期后，进行抽样的样本自相关系数明显下降，样本的自相关性随着模拟次数的不断增加均收敛于0，表明抽样很好地消除了样本之间的自相关性；同时样本的取值路径均匀，路径上具有明显的波动聚类现象。以上说明预设参数的MCMC抽样能够获得有效相关样本。

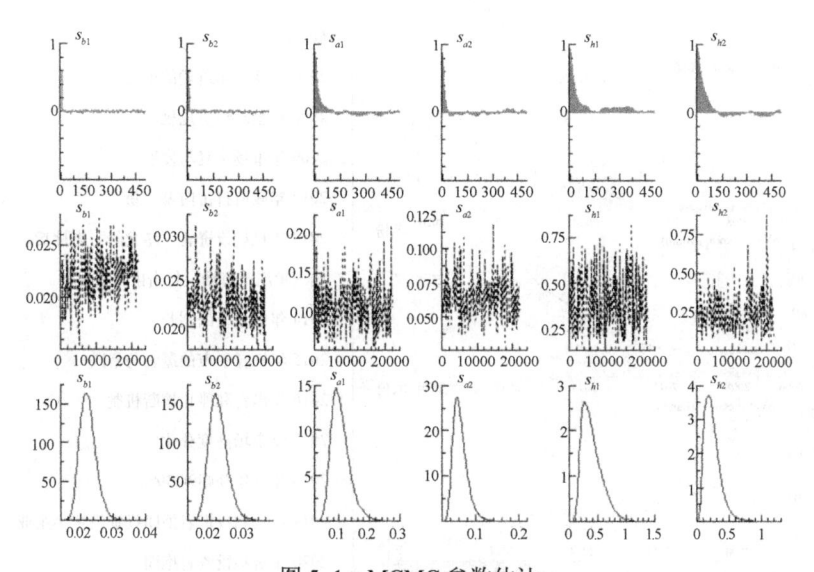

图 5-1 MCMC 参数估计

综上所述，根据数据的平稳性检验和抽样估计，该问题符合 TVP-VAR-SV 模型的适用条件，因此采用该模型分析机构投资者持股行为和机构之间私有信息传播对股票市场的大盘走势之间的作用关系。

5.3 实验结果与分析

5.3.1 时变随机波动性分析

TVP-VAR-SV 模型通过设定时变参数与随机扰动得到机构投资者持股行为、机构间私有信息传播和二级证券交易市场基本走势的随机后验波动率。机构选择共同持有股票，部分个股或者板块被机构投资者所偏好，市场中的机构投资者也因为这部分股票而相互连接。这种机构投资者抱团的行为从持股行为和信息传播角度来看，其时变性基本分为三个时期：平稳期、抬升期、震荡期，如图 5-2 所示。

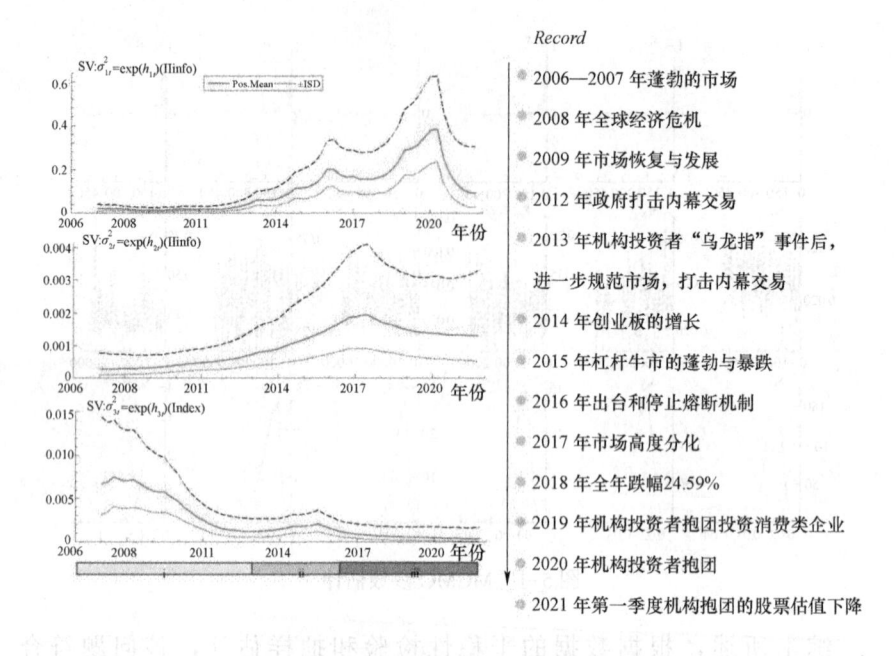

图 5-2　变量的后验随机波动

注：图中时变随机波动图为使用软件 OXMetrics6 进行 TVP-VAR-SV 模型分析的结果；并按照时间轴，对三个阶段进行了标注，图 5-2 右侧为对应时间中国 A 股市场发生的大事或主要情况备注。

平稳期（2006—2012 年）：机构投资者有限理性持股行为的变化与调整在这一时期表现不明显，时变性基本横平。该阶段，机构投资者持股比例相对较低，市场缺乏认同感。机构投资者间私有信息传播的波动状况十分有限，机构投资者间的信道并没有多少波动。二者的时变性体现出平稳性。这段时间我国上证综合指数的波动率在 2008 年全球经济危机前后达到一个峰值，随后快速下降并维持低位平稳，并伴随着 2011—2012 年严打内幕交易等措施的实行，股市进入一个相对平稳时期。

抬升期（2013—2016 年）：机构投资者共同持股的行为的随机波动率从低位平稳抬升到高位，市场持股结构的抱团特征开始活跃，机构投资者间私有信息传播的波动率也随之上升。这期间中国股市经历了一个迎接"牛市"，又回归"熊市"的过程。其中 2014 年，中国的资本市场监管层出台了一系列改革政策，启动创业板。根据 A 股市场"牛市"的经验，市场中的投机心理迅速膨胀，在宽松的货币政策的宏观背景下，杠杆资金的出现点燃了整个市场的投资热情。为这场狂欢画上休止符的，是监管层出台一系列政策大力打击场外配资，2015年下半年到2016年间，股市状况不容乐观。这一时期，机构投资者有限理性持股行为的随机波动率也不在低位平稳运行。

震荡期（2017年至今）：这段时间，机构投资者有限理性行为下的持股行为与机构投资者的信息传播二者的随机波动率比较大，且前者的起伏也比较大。其中2017年，机构投资者在策略上比较稳定，但是在信息传播上波动率到达了高峰，原因是2017年是中国股市公认的上市公司资本定价异质化时点，股票的市值越大，涨幅就越大，被市场称为同时拥有"漂亮50"和"悲惨3000"，私有信息的时变性在加剧，随着股票市场的变化，市场中的各种噪声不断，私有信息变化性很大，但是无论从实际行动来看还是从市场表现来看，该类信息的价值与效率都很有限。抱团概念被市场反复提及，引起投资者、市场监管部门及学者广泛关注，机构投资者持股的随机波动率达到峰值。从2020年第四季度披露的信息来看，基金仓位较高，在A股市场不振的背景下体现出一种取暖性和活跃性，因此私有信息中的噪声部分波动率反而下降。

结合以上分析，机构投资者的有限理性持股行为和私有信息传播的随机波动率会随着时间轴而逐渐拉升。二者的随机波动率从时间上来看并非一致的，甚至有时因为市场环境的不同而相互背离，"熊市"中的私有信息的效率是有限的。持仓策略的波动性会受到较强监管措施的影响，监管措施必然是一种市场公开信号，这种信号并未对机构间私有信息的波动产生影响。唯一能让其平稳下来的很可能是价值投资。以上结论还需要脉冲响应分析的进一步验证。

5.3.2 时变脉冲响应分析

相较于VAR模型，TVP-VAR-SV模型提供了具有随机时变特征的脉冲响应分析。参考Nakajima的研究，我们进行了两种类型的脉冲响应分析：

一种是不同提前期下的一单位标准差的正向冲击形成的脉冲响应，本书分别选取提前4期、8期以及12期；另一种是在不同时间点上产生的脉冲响应，本书选取了2008年第二季度、2015年第二季度以及2019年第一季度三个时间，这三个时间分别对应了2008年经济危机、2015年政策"牛市"尾部和2019年"基金抱团"时期，其他设置二者保持一致性。

1. 不同提前期下的脉冲响应分析

图5-3是提前4期、8期和12期的脉冲响应结果。从图形来看，提前期数不同，但是相应的脉冲响应函数走势基本一致，说明TVP-VAR-SV模型对于刻画机构投资者有限理性行为下的持股行为、私有信息传播对A股走势的冲击具有较强的稳健性。其中图5-3（A）和图5-3（B）分别体现了机构持股IIhold和私有信息传播IIinfo两个变量的正向冲击分别对大盘走势index产生的滞后影响。为了更好地观察数据模型的特征走势，将大盘指数对应时间区间的趋势图对齐横坐标并放置在下部，并将前文中的平稳期、抬升期、震荡期和两次重要事件时段在图5-3（A）下方进行标注。

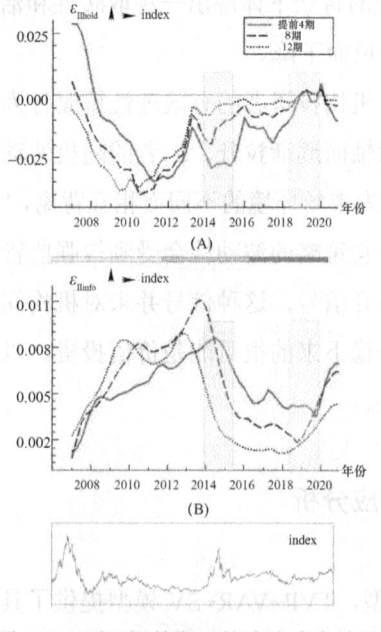

图5-3 不同提前期下的脉冲响应结果

从图 5-3 的结果可以看到，机构投资者持股行为与私有信息的传播对股市的冲击还呈现如下阶段性特征。

第一阶段，平稳期，这一阶段在机构投资者有限理性行为下的持股行为对股市（$\varepsilon_{IIhold} \rightarrow index$）冲击的响应值随着提前期步长的增加而减小；私有信息传播这一交易噪声对股市（$\varepsilon_{IIinfo} \rightarrow index$）冲击的响应值随着提前期步长的增加而增加。2008 年全球经济危机之后，机构投资者持股这一行为对股市冲击的响应值快速下滑，进而转为负值，进入谷底。私有信息传播这一交易噪声对股市冲击的响应值一路推高。二者在中国股票市场危机后的低迷时期，产生的作用相反。数值上，私有信息传播比机构投资者持股行为的影响大。

第二阶段，抬升期，中国进入杠杆"牛市"，这段时间各个板块轮动，热点不断，赚钱效应是普遍的，资金拥抱信息科技，很多"移动互联网"板块市值很高。从图 5-3（A）中蓝色标记可以看到，机构投资者有限理性持股行为对大盘走势的响应系数为负，并且到达峰值。从图 5-3（B）中蓝色标记可以看到，私有信息传播这一交易噪声对股市冲击的响应值到达顶峰，非正式消息的"噪声交易"比较乐观、投机性行为助推了大盘行情。此时的"抱团"在进行政策调整后，迅速向 0 轴接近，因炒作形成的抛压和"乐观消息"都有所减少，说明政府对证券市场的调控具有权威性。

第三阶段，震荡期，近几年中国股市进入震荡期间，市场的赚钱效应一般，存在不可忽略的投资风险。这段时间白酒等消费板块普涨。由图 5-3（A）中红色标记可以看到，尤其是 2018 年之后，机构投资者有限理性行为下的持股行为对股市冲击的响应值首次为正，"抱团股"作为个股概念具有一定的市场号召力，并推动了大盘的行情。这两年的"抱团股"通常具有宏观背景、投资逻辑和业绩支撑。对应图 5-3（B）中的红色标记，私有信息对股市的冲击响应值下降至局部谷底，这说明，价值投资、避险抱团会抑制"内部消息"的影响，机构持有的股票能够得到市场认可，并推动股市走势良好。集中本身未必能够促进股市的稳步健康发展，例如进入2021年后，市场中的抱团一度成为一个题材热度，与私有信息传播的走势相反的是，机构投资者提前一步对股市冲击的响应值由正变为负，并一路向下，二者之间出现了"消息层面"与"持仓行为"的背离。除了套利，单个股票或者板块的持续也会受到政策调整、行业空间、客观趋势等的影响。

结合以上分析，机构投资者共同持股的行为未必会助推股票市场走势，很有可能产生负面影响。尤其是杠杆结构的"牛市"，机构投资者的涌入可能会对市场造成压力。但是在市场低潮期，顺应市场进行"抱团"会对证券市场形成正向的影响。与之不同，机构内部私有信息的传播，基本会助推股票市场的走势，产生的一般是正面影响。在杠杆结构的"牛市"，很可能发生了外溢，极大地鼓动了市场；而在市场低潮期，尤其是投资方向较为明确时，则显得没有了市场效应。另外，从响应系数的大小来看，拿出真金白银的持有比消息传播影响要大得多。

2. 不同时点的脉冲响应分析

2008年第二季度、2015年第二季度以及2019年第一季度三个时点的脉冲响应结果如图5-4所示。从图形来看，2008年全球经济危机、2015年政策

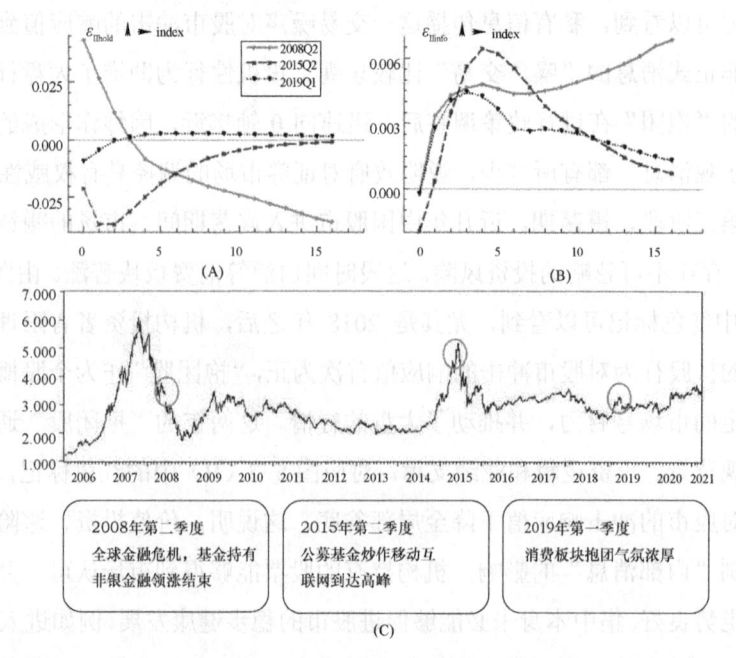

图5-4 不同时点的脉冲响应结果

"牛市"尾部和2019年基金抱团三个时期相应的脉冲响应函数走势是不同的。这说明在不同市场特征和环境下，机构投资者的有限理性持股行为、机构投资者间私有信息传播和大盘走势之间的关系存在异质性，这与实际经济规律和金融现象也是吻合的。图5-4（A）和图5-4（B）分别体现了机构持股IIhold和私有信息传播IIinfo两个变量的正向冲击对大盘走势index产生的影响。

如图5-4所示，机构投资者持股行为与私有信息的传播对股市的冲击在几个重要时点呈现不同市场状态的特征。

第一，在2008年第二季度经济危机中，机构投资者持股冲击对股市（$\varepsilon_{IIhold} \rightarrow index$）影响的波动较大，脉冲响应函数快速下行，从起到一定的支撑作用到快速逃离"火场"，很可能发生了"踩踏"，并且由正向变为负向，直到第四期，趋势才放缓。同时间点，私有信息传播对股市（$\varepsilon_{IIinfo} \rightarrow index$）影响的波动也很大，私有信息开始快速传播，直到第四期，趋势才放缓。二者都没有收敛于0。这些说明在2008年全球经济危机冲击下，中国股市的机构投资者行为与大盘走势之间的影响具有深远性和扩散性。

第二，在2015年第二季度的杠杆牛市中，机构投资者持股对股市（$\varepsilon_{IIhold} \rightarrow index$）的影响始终为负数，经历了先降后升的一个过程后收敛于横轴。这也从一定程度上说明了机构投资者高度集中的股票和板块，在杠杆"牛市"中没有"抱团取暖"的作用，反而可能会存在比较大的抛压，影响了市场指数。同时间点，私有信息传播对股市（$\varepsilon_{IIinfo} \rightarrow index$）的影响快速爬升，并在第四期到达峰值。此时的"牛市"行情，与机构之间因为私有信息传播而产生的非正式消息的噪声交易、投机性行为有关。

第三，从2019年第一季度基金抱团开始，机构投资者持股对股市（$\varepsilon_{IIhold} \rightarrow index$）的影响几乎可以忽略；私有信息传播对股市（$\varepsilon_{IIinfo} \rightarrow index$）影响相对正面而中度。这说明了在股市中，只有机构投资者等多头的大量资金真正筑底，信息传播也处于一个相对理性的阶段，才存在真正的抱团股题材，在整体市场表现一般的情况下"取暖"。如果抱团股是有优良业绩、有支撑的个股类型，那么大盘走势相对平稳，二者对大盘的影响波动也会相对较稳。

结合以上分析，机构投资者的有限理性持股行为在不同市场状态的代表性时点下，脉冲影响的差别较大，机构投资者间私有信息传播偏向乐观，它的响应函数对市场有一个正面的作用。非比寻常的经济危机对机构投资者和股市的关系影响深远。在杠杆"牛市"中，在机构投资者有限理性行为下，持股行为和信息传播二者与市场的脉冲影响曲线都相对波动大，且方向背离，因为拥有信息传播渠道而散布乐观消息，却因为轮动和抛盘而在持股行为上起到负向作用。在市场相对冷清时，其持股行为反而因为长期持有或者价值持有等原因与市场的脉冲响应曲线接近于 0，走势平稳。

5.3.3 联动脉冲响应分析

机构投资者的有限理性持股行为与私有信息传播的脉冲影响如图 5-5 所示，图 5-5（A）和图 5-5（B）为提前 4 期、8 期和 12 期的脉冲响应结果，图 5-5（C）和图 5-5（D）为 2008 年第二季度、2015 年第二季度以及 2019 年第一季度三个不同时点的脉冲响应结果。图 5-5（A）和图 5-5

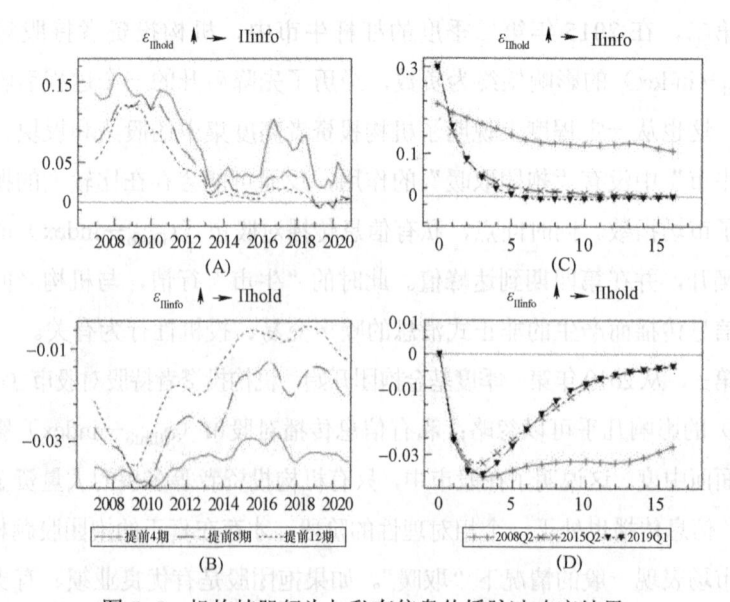

图 5-5 机构持股行为与私有信息传播脉冲响应结果

第 5 章 机构投资者有限理性行为与市场

（C）分别为提前期和三个时点冲击下，给机构投资者持股行为 IIhold 一单位外生正向冲击时，私有信息传播 IIinfo 的时变脉冲响应曲线。图 5-5（B）和图 5-5（D）分别为提前期和三个时点冲击下，给私有信息传播 IIinfo 一单位外生正向冲击时，机构持股行为 IIhold 的时变脉冲响应曲线。

如图 5-5（A）和图 5-5（B）所示，三类提前期的方向是一致的，具体来看：

第一，从时效性角度看，机构投资者的有限理性持股行为正面冲击，对私有信息传播（$\varepsilon_{IIhold} \to IIinfo$）的响应值在三个不同提前期走势有差异，提前四期影响最大；反之（$\varepsilon_{IIinfo} \to IIhold$）亦然。这说明在资本市场中，机构投资者的持股行为与私有信息之间的关系短期影响大。

第二，从时间轴角度看，图 5-5（A）响应值基本为正，图 5-5（B）响应值为负。2013 年前机构投资者持股行为与私有信息传播之间的联动性影响是反向的。机构投资者趋同性地持有相同股票，因竞争关系而降低同业之间的私有信息传播。信息传播会导致机构投资者持股减少，这一阶段竞争者特征明显。2013 年之后，二者之间响应值的趋势一致，具有一定的合作特征。这与 2012—2013 年打击内幕交易的成效有关。因此图 5-5（A）中抱团股真正推动市场上涨的时期，基于股票多为价值股，响应值仅在 2019—2020 年为负数。这一阶段合作者特征明显，且只有价值股投资时期，私有信息传播受持股行为冲击最小。

第三，从代表性时点看，2008 年二者对应的响应值与其他重要时点大不相同。一般来说，脉冲响应会随着冲击后时间的延长而减弱并消失；但是从结果来看，2008 年的全球金融危机具有一定的烈度和深远性，走势上收敛性最差，具有弥散性。2015 年第二季度和 2019 年第一季度走势一致。图 5-5（C）说明机构投资者持股行为的冲击会导致内部私有信息传播的快速下降，固有机构集团外部同业的进入并没有使得信息传播具有更多渠道，是竞争性的体现。图 5-5（D）说明机构内部私有信息传播的冲击会导致共同持股行为的快速下降。在四期内私有信息往往会促使机构投资者的"卖盘"行为，从模型上无法准确得知原因，根据前文可以推测是否为消息下的避险或者套利行为，长远来看收敛于 0。

结合以上分析，机构投资者有限理性行为下的持股行为和私有信息传播之间的相互作用方向是不同的，并具有发展阶段上的不对称性和不同市场状态下的异质性。前者对于后者是正面的，后者对于前者是负面的，基本逐步收敛于 0。二者力度不同，从响应系数的大小来看，前者是真金白银地持有该类股票，后者只是传递私有消息，因此前者对后者的影响要大得多。在不同市场状态或时点下，二者之间的互动性存在异质性。因此假设 5-1、假设 5-2 得以证明。

5.4 本章小结

本章节针对机构投资者有限理性行为与市场之间的关系，重点研究问题为：机构投资者在行为上为有限理性交易者，其相互连接的持股行为与相互之间私有信息传播会影响股票市场的走势，并具有发展阶段上的不对称性和不同市场状态下的异质性。

第一，机构投资者作为持有流通股重仓位的交易者，其通过持股行为来敲定的过程往往就是股票定价的过程，而能够对市场造成影响的往往并非个体行为，而是集体的、相互关联的行为。因此，本书通过对机构投资者的社会化行为，主要是可观测的共同持股，尤其是持股行为和信息传播进行复杂网络的香农熵测度，运用 TVP-VAR-SV 模型，研究机构投资者与我国股票市场的走势和特征之间存在的时变关系和响应关系，并试图解释机构投资者行为与股票市场的波动性在不同的市场状态中存在的异质性、阶段上的不对称性等复杂现象，从而为股票市场的异动情况提出市场参与主体方面的实证依据，为防范中国股票市场大幅度波动的政策制定提供思路和方向。

第二，本书通过实证研究发现，当使用响应函数研究它们与股市的关系时，机构投资者的有限理性持股行为和私有信息传播的时变性活跃起来

第5章 机构投资者有限理性行为与市场

是近些年的事情。在发展的过程中，受到市场重要事件的影响，机构投资者的持股行为和私有信息传播都会发生变化，因此机构投资者有限理性行为与市场之间的关系研究，需要考虑时间和市场环境的因素。

第三，从响应函数的结果来看，机构投资者的持股未必会助推股票市场走势，很有可能产生负面影响。机构投资者的私有信息传播则不同，会助推股票市场走势，并起到一个正面影响，很有可能是私有信息总是偏于乐观或者机构消息发生外溢导致个人投资者跟风。

第四，机构投资者有限理性行为下的持股行为和私有信息传播二者具有发展阶段上的不对称性和不同市场状态下的异质性。其中全球经济危机对机构投资者和股市的关系产生的影响是深远的。此外，在杠杆"牛市"中，机构投资者的持股行为如果体现为持续增持会对市场造成压力。此时机构内部的私有消息乐观，很可能发生了外溢并且助推了市场的上涨。一方面机构投资者面临持续增持后的抛售压力，另一方面又传播了有利于市场的消息，表现出心口不一的异象。当资本市场进入低潮期间，市场上的资金不充分，盈利效应不强，机构投资者就会顺应市场寒冷而进行抱团，相应的内部私有信息传播对市场的影响较小。整体上看，杠杆"牛市"下，机构投资者助长了炒作气氛，不利于市场的健康发展；不景气的市场下，机构投资者反而可以筑底价值投资，起到一定的稳定器作用。

第五，机构投资者持股行为与私有信息传播之间的联动性是反向的，说明了机构投资者持有股票时反而降低了同业之间的私有信息传播，呈现竞争者关系。在价值投资时期，机构投资者间的私有信息传播受到机构投资者持股的冲击最小，表现出合作者的特征。二者之间的联动性也因受到提前期、不同市场状态的影响而不同。

综上所述，就经验数据和模型结果来看，机构投资者有限理性持股行为、机构投资者有限理性行为下的私有信息传播对市场产生的影响，具有发展阶段上的不对称性和不同市场状态下的异质性。

第 6 章

机构投资者有限理性行为与政策

本章通过机构投资者有限理性行为和政府相关制度设计之间的因果模型分析，从宏观政策层面证明了机构投资者与政策之间的相关假设。机构投资者行为关系到企业融资约束的解决和资本定价，关系到市场短期走势和指数波动，其中的非理性成分，例如同侪行为效应，具体为群体性的、集中性的买入卖出，很可能造成证券市场市值的巨幅波动，出现资本价格与价值的严重背离，是市场调节失灵的表现。政府伸出"有形的手"通过制度设计、监督监管可以起到抑制作用，而机构投资者勇于担当，发挥"排头兵"作用，是守住不发生系统性金融风险前线关口。

6.1 模型构建与数据来源

6.1.1 模型构建

由于融资融券先后六次分批扩容，形成了一个政策效应的准自然实验。本章模型部分参考褚剑和方军雄（褚剑和方军雄，2020）[70]的实证研究，构建多期双重差分模型，检验相关部门的制度设计与机构投资者同侪效应的因果关系。

$$Herd\_ing = \beta_0 + \beta_1 Postlist + \beta_2 List + \beta_3 Control\_var + i.Year + i.Industry + \varepsilon \tag{6.1}$$

$$\text{Herd\_buy} = \beta_0 + \beta_1 \text{Postlist} + \beta_2 \text{List} + \beta_3 \text{Control\_var} + i.\text{Year} + i.\text{Industry} + \varepsilon \tag{6.2}$$

$$\text{Herd\_sell} = \beta_0 + \beta_1 \text{Postlist} + \beta_2 \text{List} + \beta_3 \text{Control\_var} + i.\text{Year} + i.\text{Industry} + \varepsilon \tag{6.3}$$

式中，被解释变量为机构投资者的同侪行为，是机构投资者有限理性中的非理性成分的代理变量，具体包括 Herd_ing、Herd_buy 和 Herd_sell。Postlist 为二分变量，机构所持有的股票成为融资融券标的以后年度样本为 1，否则为 0，是多期双重差分中的交叉项；List 为二分变量，如果机构所持有的股票在研究期内成为融资融券标的则取值为 1，否则为 0，是多期双重差分中的个体差异项。通过以上两个虚拟变量，判断机构投资者持股是否为融资融券标的，从而将其分为干预组和对照组。在进行模型回归时候，根据具体问题选取以下控制变量。

（1）公司规模 Size：上市公司的会计当期总资产取自然对数，衡量企业的资产规模。

（2）资产负债率 Lev：上市公司的会计当期的总负债/总资产，衡量企业财务状况与债务负担。

（3）总资产收益率 Roa：上市公司的净利润/总资产，衡量企业盈利能力。

（4）董事会规模 Board：上市公司披露的董事会人数取自然对数，衡量企业治理规模。

（5）独立董事比例 Indep：上市公司的独立董事人数/董事会人数，衡量企业的治理结构中的董事会独立性。

（6）第一股东持股比例 Top1：上市公司当期披露的第一大股东持股比例，衡量企业的股权集中程度。

（7）审计机构 Big4：上市公司审计第三方为世界前四大会计师事务所的取值为 1，否则为 0。

（8）操控性应计利润 AbsDA：用修正 Jones 模型估计的应计盈余表示，此外还控制了行业因素和年度因素，衡量上市企业的信息透明度。本书借鉴陈骏和徐捍军（陈骏和徐捍军，2019）[71]的做法具体计算如下：

$$TA_{i,t}/A_{i,t-1} = \alpha_0/A_{i,t-1} + \alpha_1(\Delta REV_{i,t} - \Delta REC_{i,t})/A_{i,t-1} + \alpha_2 PPE_{i,t}/A_{i,t-1} + \varepsilon_{i,t} \quad (6.4)$$

式中，TA 为企业营业利润与经营现金流量净额的差值；A 为企业的总资产；ΔREV 为企业营业收入变动额；ΔREC 为企业应收账款变动额；PPE 为企业固定资产净额；ε 为残差项。根据修正的 Jones 模型进行分年度分行业的回归，预测的残差即操控性应计利润。

（9）托宾 Q 值 TobinQ：上市公司当期的（流通股市值+非流通股股份数×每股净资产+负债账面值）/总资产，衡量企业在资本市场中的资产估值比率。

（10）股权制衡度 Balance：上市公司当年第二到五位大股东持股比例总和/第一大股东持股比例，衡量企业大股东股权集中或者分散的程度。

6.1.2　数据来源

我国自 2010 年 3 月融资融券业务正式开展以来，先后共扩容六次，分别在 2011 年 12 月、2013 年 1 月、2013 年 9 月、2014 年 9 月、2016 年 12 月、2019 年 8 月。本书将先后的扩容政策变化作为准自然实验的 Postlist、List 变量，该数据来源为 Wind。其中 2011 年 12 月、2016 年 12 月成为标的的股票因政策实施未超过一个季度，仅在年末公布，因此从下一年度开始调入标的个股。

从政策年限为 2010 年起，向前预留非政策年，由于 2006 年会计政策变更，为了变量的口径更加一致，选择 2006—2020 年作为研究期，选取共计 1338 只股票进行宏观政策的因果效应检验。机构投资者的代理变量选择第 4 章测度的同侪行为的代理变量，该指标中关于持股数量的变化数据的来源为 Wind，控制变量的计算数据来源为国泰安，各变量的描述性统计如表 6-1 所示。其中 Postlist 均值为 0.2458，说明融资融券标的样本占总样本的比例为 24.58%，这与黄俊威（黄俊威，2020）[72]的样本均值大体一致。Herd_buy 和 Herd_sell 样本量相加并不等于 Herd_ing，由于在计算过程中，三个代理变量为机构投资者重仓股的季度面板数据的持股数量的变化值，整合为年度数据。

表 6-1 变量的基本统计特征

变量	最小值	最大值	均值	标准差	观测值
Herd_ing	0.0000	0.8339	0.2358	0.1396	20070
Herd_buy	0.0152	0.5629	0.1597	0.0782	13972
Herd_sell	0.0521	0.8083	0.3035	0.1567	17630
Postlist	0.0000	1.0000	0.2458	0.4306	20070
List	0.0000	1.0000	0.6532	0.4760	20070
Size	17.9079	26.6624	22.1925	1.4409	20070
Lev	0.0683	4.1662	0.5375	0.2916	20070
Roa	−0.4544	0.3177	0.0278	0.0690	20070
Board	1.6094	2.7081	2.1786	0.1974	20070
Indep	0.2500	0.6000	0.3681	0.0496	20070
Top1	0.0726	0.7584	0.3466	0.1491	20070
Big4	0.0000	1.0000	0.0639	0.2445	20070
AbsDA	0.0006	0.4229	0.0642	0.0606	20070
TobinQ	0.7561	19.3124	1.9892	1.6621	20070
Balance	0.0138	2.5585	0.5847	0.5341	20070

6.2 回归结果与分析

6.2.1 相关性分析

关键变量的相关性分析如表 6-2 所示，其中 Herd_ing、Herd_buy、Herd_sell 和 Postlist 之间的相关性系数分别为-0.176、-0.115 和-0.215，在 1%的统计水平下显著，说明机构投资者的同侪行为的代理变量与政府调控政策之间存在负相关，融资融券政策可以通过制度设计降低机构投资者的一致行动，使得同侪影响效应下降，无论是总体、卖出行为还是买入行为都是负效应。

表 6-2 变量的 Pearson 相关系数

相关性	Herd_ing	Herd_buy	Herd_sell	Postlist	List
Herd_ing	1.000	—	—	—	—
Herd_buy	0.520***	1.000	—	—	—
Herd_sell	0.802***	0.072***	1.000	—	—
Postlist	−0.176***	−0.115***	−0.215***	1.000	—
List	−0.344***	−0.149***	−0.290***	0.416***	1.000

注：表格汇报 t 值。*、**、***分别表示在 10%、5%、1%的统计水平下显著。

6.2.2 组间差异分析

本节参考马惠娴和佟爱琴（马惠娴和佟爱琴，2019）[73]的分组逻辑将样本进行了分组，考察干预组和对照组的机构投资者同侪行为的差距。

1. 干预组和对照组组间差异

首先排除政策起点 2010 年前的样本，然后对 2010 年后陆续扩容后持有标的股票的机构投资者同侪行为进行研究。变量检验的结果如表 6-3 所示。表中汇报的结果显示，在干预组中持有标的股的机构，其同侪行为的代理变量的均值均在 1%统计水平下显著小于不持有标的股的对照组。这说明在实施了融资融券政策以后，干预组的机构同侪行为比对照组要小，初步支持了本章的主要观点。

表 6-3 被解释变量检验（组间差异）

变量	List=1 持有标的股的干预组		List=0 不持有标的股的对照组		差异	
					T 检验	Wilcoxon 检验
	个数	平均值	个数	平均值	t 值	z 值
Herd_ing	9614	0.2101	5104	0.3314	51.8398***	50.0010***
Herd_Buy	7195	0.1513	2426	0.1795	16.4078***	12.0010***
Herd_Sell	8331	0.2637	4964	0.3701	40.1361***	39.2670***

注：表格汇报 t 值。*、**、***分别表示在 10%、5%、1%的统计水平下显著。

2. 政策实施前后组间差异

排除机构投资者所持的始终不是标的股票的样本后,在所有持有标的股票的机构投资者中,按政策实施前和实施后进行分组,对组间差距进行汇报,如表6-4所示。表中汇报的结果显示,在排除了始终都为控制组的样本之后,在干预组中,政策实施前持有标的股的机构投资者,其同侪行为的均值均在1%水平上显著大于政策实施之后的样本均值。这说明在实施了融资融券政策以后,干预组的机构同侪行为变小了,初步支持了本章的主要观点。

表6-4 被解释变量检验(政策前后时间差异)

变量	扩容前 不可融资融券		扩容后 可融资融券		差异 T检验	Wilcoxon检验
	个数	平均值	个数	平均值	t值	z值
Herd_ing	8176	0.2057	4934	0.1927	6.2528***	2.9370***
Herd_buy	6193	0.1571	3933	0.1453	8.0111***	3.4930***
Herd_sell	7005	0.2843	4167	0.2430	14.8362***	14.5880***

注:表格汇报t值。*、**、***分别表示在10%、5%、1%的统计水平下显著。

6.2.3 双重差分基准回归

双重差分基准回归结果如表6-5所示。模型(1)、模型(2)、模型(3)的回归结果未加入控制变量,模型(4)、模型(5)、模型(6)的回归结果加入了前文中的控制变量。所有模型都控制了年份、行业和个体。从结果来看,无论是否加入控制变量,Herd_的系数均在1%的统计水平下显著为负。总体上看该负面作用为−4.67%,其中同侪性卖出比同侪性买入的负面作用更为明显,达到−2.22%。实证结果说明了政府有关部门的调控和政策,抑制了机构投资者的同侪行为,融资融券政策无论对于机构投资者买入还是卖出的集群效应都有所抑制。机构投资者的有限理性行为中的同侪行为受到政府规制。

表 6-5 基准回归结果

变量	（1）Herd_ing	（2）Herd_buy	（3）Herd_sell	（4）Herd_ing	（5）Herd_buy	（6）Herd_sell
Postlist	−0.0772*** (−19.5207)	−0.0183*** (−8.4788)	−0.0565*** (−12.0034)	−0.0467*** (−13.0471)	−0.0069*** (−3.1763)	−0.0222*** (−5.2035)
List	−0.0716*** (−17.0049)	−0.0200*** (−8.2842)	−0.0743*** (−14.5751)	−0.0311*** (−8.1151)	−0.0072*** (−2.9721)	−0.0296*** (−6.4627)
Size	—	—	—	−0.0370*** (−23.0500)	−0.0134*** (−14.5550)	−0.0441*** (−21.4412)
Lev	—	—	—	0.0085 (1.2108)	0.0056 (1.2862)	0.0377*** (4.1818)
Board	—	—	—	0.0052 (0.7270)	−0.0141*** (−3.2239)	−0.0024 (−0.2867)
Roa	—	—	—	−0.3479*** (−15.5693)	−0.0551*** (−3.5552)	−0.3686*** (−14.8479)
Indep	—	—	—	−0.0227 (−0.9186)	−0.0034 (−0.2128)	−0.0031 (−0.0986)
Top1	—	—	—	0.0072 (0.5891)	0.0031 (0.4082)	0.0191 (1.2705)
Big4	—	—	—	0.0120** (2.3644)	0.0015 (0.5874)	0.0067 (1.0447)
AbsDA	—	—	—	0.0204 (1.0020)	0.0242 (1.6347)	−0.0068 (−0.2765)
TobinQ	—	—	—	−0.0038*** (−3.6264)	−0.0042*** (−5.8339)	−0.0061*** (−5.0842)
Balance	—	—	—	0.0078** (2.1533)	−0.0082*** (−3.6900)	0.0143*** (3.4316)
Cons_	0.2016*** (14.0741)	0.1650*** (26.4144)	0.4207*** (23.1235)	0.9373*** (26.4039)	0.4733*** (23.4152)	1.3019*** (28.0585)
Year/Industry	Y	Y	Y	Y	Y	Y
Observations	20070	13972	17630	20070	13972	17630
R^2	0.301	0.068	0.160	0.413	0.106	0.276

注：*、**和***分别表示在10%、5%和1%的统计水平下显著。回归过程控制了年份、行业和个体变量，并且采用异方差修正聚类在上市公司层面的稳健标准误。

6.3 稳健性检验

6.3.1 扩容窗口期检验

根据融资融券政策扩容的实际政策时间，标的企业调入的具体时间分别为 2010 年、2012 年、2013 年、2014 年、2017 年和 2019 年。由于 2012—2014 年政策发布较为频繁，以每次扩容前后作为窗口期设置时间太短，本书选择 2011—2016 年作为第一个窗口期，2015—2020 年作为第二个窗口期，分别就三个被解释变量做了 DID 的固定效应回归，具体如表 6-6 所示。表 6-6 中的第一个窗口期内，"两融"政策基本起到显著性的抑制作用，其中同侪卖出行为并没有起到抑制作用，一般而言，当同侪行为表现为买入的时候往往意味着股市产生泡沫，但是表现为卖出的时候则容易因为踩踏带来股市的下降波动，并带来市场风险。第一个窗口期内的 2015 年，中国股市发生了较为严重的较大跌幅风险，机构投资者受到市场环境的整体影响很可能是原因之一。具体而言，2014—2015 年是我国股市中场外融资最严重的阶段，尤其是 2015 年。根据中国社会科学院原副院长李扬等（李扬等，2015）发布的《中国国家资产负债表 2015：杠杆调整与风险管理》[74]，其中提到 2013 年与 2014 年两年金融杠杆的增长较为平稳，2015 年全年共增长了 2.6%，达到 21%，呈现出了加杠杆的趋势。融资融券政策采用通过机构投资者为服务对象加杠杆的方式提供了买多买空的机制，在杠杆市场中，该政策对于抑制机构同侪卖出的作用有限。

表 6-6 窗口期回归结果

变量	2012—2016 年剔除扩容政策当年			2016—2020 年剔除扩容政策当年		
	(1) Herd_ing	(2) Herd_buy	(3) Herd_sell	(4) Herd_ing	(5) Herd_buy	(6) Herd_sell
Postlist	−0.0099** (−2.0525)	−0.0091** (−2.0931)	0.0035 (0.5311)	−0.0554*** (−9.0685)	−0.0190*** (−4.1967)	−0.0429*** (−6.1092)
List	−0.0183*** (−3.3480)	−0.0019 (−0.3795)	−0.0166** (−2.5287)	−0.0034 (−0.4666)	0.0039 (0.7171)	−0.0004 (−0.0440)
Size	−0.0361*** (−15.8368)	−0.0145*** (−7.4500)	−0.0393*** (−12.6268)	−0.0474*** (−17.9280)	−0.0083*** (−4.5025)	−0.0454*** (−15.4954)
Lev	0.0440*** (4.2042)	0.0198** (2.1618)	0.0465*** (3.8966)	0.0982*** (7.6831)	0.0228** (2.2982)	0.0897*** (6.7828)
Board	−0.0093 (−0.9458)	−0.0078 (−0.9819)	−0.0244* (−1.8053)	0.0062 (0.5609)	−0.0107 (−1.5686)	0.0047 (0.3751)
Roa	−0.4060*** (−9.9987)	−0.0977*** (−2.7810)	−0.4354*** (−8.4040)	−0.3223*** (−9.4013)	−0.0223 (−0.7276)	−0.3316*** (−9.5231)
Indep	−0.0175 (−0.4806)	−0.0324 (−1.1806)	0.0171 (0.3307)	0.0272 (0.6961)	0.0068 (0.3008)	0.0539 (1.1605)
Top1	0.0618*** (3.8241)	0.0080 (0.5536)	0.0696*** (3.2142)	0.0470** (2.4822)	−0.0052 (−0.3793)	0.0461** (2.0429)
Big4	0.0107* (1.7413)	0.0032 (0.6602)	0.0129 (1.2922)	0.0040 (0.6373)	−0.0028 (−0.7501)	−0.0032 (−0.3729)
AbsDA	0.0976*** (2.8668)	0.1128*** (3.6343)	0.0461 (1.0868)	0.0813** (2.4656)	0.0831*** (2.9682)	0.0206 (0.5525)
TobinQ	−0.0032*** (−2.8817)	−0.0033*** (−3.1835)	−0.0047*** (−3.2836)	−0.0065*** (−5.1881)	−0.0010 (−1.2287)	−0.0063*** (−4.3967)
Balance	0.0313*** (6.5562)	−0.0045 (−0.9767)	0.0390*** (6.3529)	0.0360*** (6.9449)	−0.0033 (−0.8768)	0.0369*** (6.3112)
Cons_	0.9802*** (18.4641)	0.5106*** (11.2782)	1.1202*** (15.2555)	1.2043*** (19.5122)	0.3678*** (9.0633)	1.2011*** (17.0092)
Year/Industry	Y	Y	Y	Y	Y	Y
Observations	4014	2979	3628	5352	3485	4852
R^2	0.302	0.092	0.208	0.518	0.079	0.359

注：表格汇报 t 值。*、**、***分别表示在 10%、5%、1%的统计水平下显著。

6.3.2 平行性检验

双重差分的实证模型需要满足一个重要前提，即融资融券政策实施前的干预组和对照组满足平行趋势。按照融资融券政策中持有标的股票的机构投资者为干预组，未持有标的股票的机构投资者为对照组，使用均值绘制 2006—2020 年年度同侪行为效应的趋势图，如图 6-1 所示。2008 年 10 月国务院宣布融资融券试点，并进行了小范围的机构联网测试，"两融"政策虽然没有落地，但是有明确的启动时间，具体政策的标的、规则等配套已经明确，如表 3-3 所示。机构投资者在融资融券试点方面是获取信息较为充分的投资者，因此如图 6-1 所示，各个子图都表现为在 2008 年和 2009 年左右就出现了趋势的变化，在政策正式实施之后，Herd_ing、Herd_buy、Herd_sell 变量的组间差距主要表现为：干预组的同侪行为效应普遍低于对照组；政策实施之后二者的差距明显拉大；干预组的三个代理变量在上升的时候都缓于对照组，表现出较低的波动性。与大多数政策可能会产生滞后性不同，该政策出现了政策效果前置，与政策启动期有关。

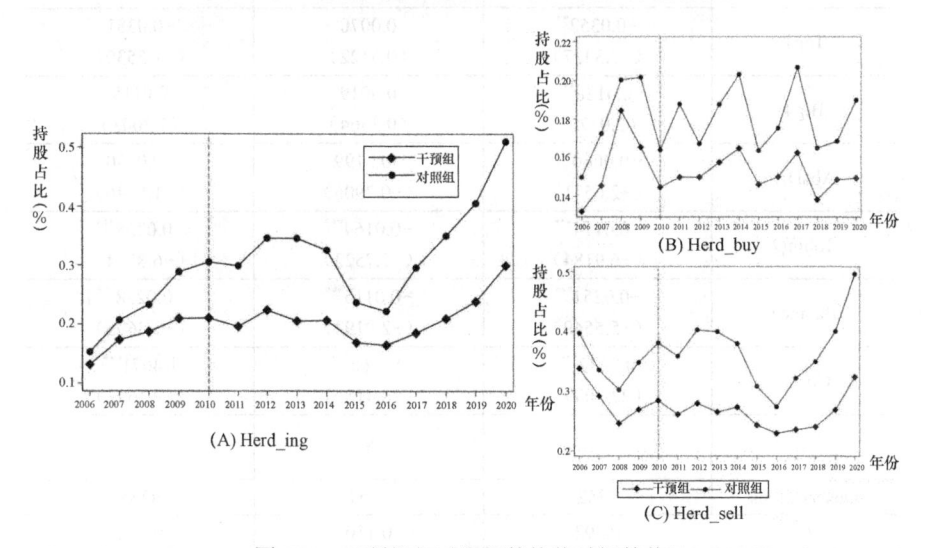

(A) Herd_ing

(B) Herd_buy

(C) Herd_sell

图 6-1 干预组与对照组的均值时间趋势

在面板回归时，按照黄俊威的方法进行平行性检验，选取2010年政策实施前的同侪行为效应的三个代理变量作为被解释变量，比较在政策开始实施后持有标的股票与非标的股票的机构投资者的同侪行为差异。结果如表6-7所示。需要关注变量list的回归系数，该系数并不显著，符合平行趋势假定。

表6-7 平行性检验

变量	(1) Herd_ing	(2) Herd_buy	(3) Herd_sell
List	0.0023 (0.2129)	−0.0051 (−1.4882)	−0.0030 (−0.1166)
Size	−0.0328*** (−19.0049)	−0.0210*** (−14.0158)	−0.0470*** (−14.9923)
Lev	−0.0080 (−1.3193)	−0.0011 (−0.2280)	0.0151 (1.4473)
Board	−0.0030 (−0.3487)	−0.0154** (−2.0142)	−0.0109 (−0.7360)
Roa	−0.2091*** (−7.9315)	−0.0629*** (−2.6709)	−0.2843*** (−7.0945)
Indep	−0.0288 (−0.8425)	0.0010 (0.0318)	−0.0148 (−0.2405)
Top1	−0.0352** (−2.3327)	0.0070 (0.5122)	−0.0381 (−1.5530)
Big4	0.0128** (2.0378)	0.0019 (0.3364)	0.0115 (1.2008)
AbsDA	−0.0660*** (−2.6571)	−0.0199 (−0.7906)	−0.0730 (−1.5846)
TobinQ	−0.0174*** (−6.9184)	−0.0164*** (−7.7523)	−0.0258*** (−6.8384)
Balance	−0.0251*** (−5.5549)	−0.0115*** (−2.9193)	−0.0238*** (−3.3693)
Cons_	0.9222*** (22.2099)	0.6565*** (18.4185)	1.4671*** (19.1692)
Year/Industry	Y	Y	Y
Observations	5352	4351	4335
R^2	0.292	0.150	0.202

注：表格汇报 t 值。*、**、***分别表示在10%、5%、1%的统计水平下显著。

6.3.3 倾向得分匹配检验

倾向得分匹配，即 Propensity Score Matching，后文简称为 PSM。该检验方法指的是在"反事实框架"下对非实验数据或者观测数据进行干预效应分析的一种统计方法。在实证中，由于混杂变量和数据偏差等选择性偏误的存在，研究人员难以探寻解释变量与被解释变量之间的净效应，运用反事实假设可以得到变量的潜在结果。本章具体问题中，我国机构投资者本身具有投资策略、操作风格和风险偏好的差异，能够成为融资融券标的的股票可能本身会存在企业价值、规模股权结构等方面的内生性影响，从而造成选择性偏误。本书在"反事实框架"下，假定这种偏误是基于政策标的股票的属性变量，是可观察变量，且融资融券标的为政府相关部门的整体布局，那么每只股票是否调入标的是独立同分布的，个体选择上不存在溢出，因此在差分之前能够在干预组中选择与对照组中所有特征都最大可能相似的匹配组。本书在贪婪匹配中进行对比，并最终采用了近邻匹配。

具体选择公司规模（Size）、资产负债率（Lev）、董事会规模（Board）、总资产收益率（Roa）、第一股东持股比例（Top1）作为匹配变量，对样本进行 1∶1 最近邻匹配，得到 PSM 方法下的最终样本。结果显示通过匹配各变量的偏差普遍下降，如表 6-8 所示。将结果规制成图 6-2。

表 6-8 倾向得分匹配的平衡性检验结果

变量	匹配情况	平均值 干预组	平均值 对照组	标准化偏差降幅	T 检验 t 值	T 检验 $p>|t|$
Size	U	21.798	21.100	65.9	9.72	0
Size	M	21.717	21.827	−10.4	−1.37	0.170
Lev	U	0.555	0.611	−13.9	−2.03	0.043
Lev	M	0.559	0.618	−14.8	−2.38	0.017

续表

变量	匹配情况	平均值 干预组	平均值 对照组	标准化偏差降幅	T检验 t值	T检验 p>|t|
Board	U	2.189	2.164	12.7	1.88	0.061
	M	2.186	2.198	−6.1	−0.78	0.437
Roa	U	0.054	0.025	45.2	6.67	0
	M	0.048	0.039	12.6	1.87	0.061
Top1	U	0.340	0.318	15.5	2.30	0.022
	M	0.340	0.329	7.9	1.06	0.288

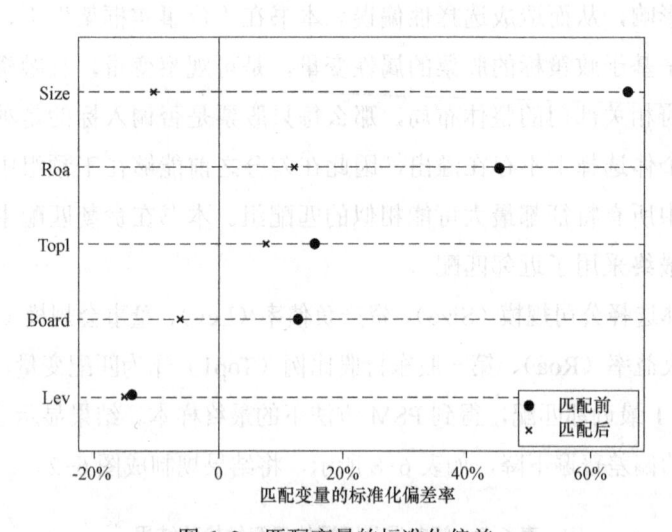

图 6-2 匹配变量的标准化偏差

从图 6-2 可以直观地看到匹配取得的效果，匹配之后的各协变量的标准化偏差（%bias）均小于匹配之前，散点图显示，匹配后的标准化偏差率比匹配前收敛效果更好。通过 PSM 可以使组间的特征差异减小。

匹配损失的数据较少，大多数变量都在匹配的范围之内，符合倾向值匹配的条件，如图 6-3 所示。

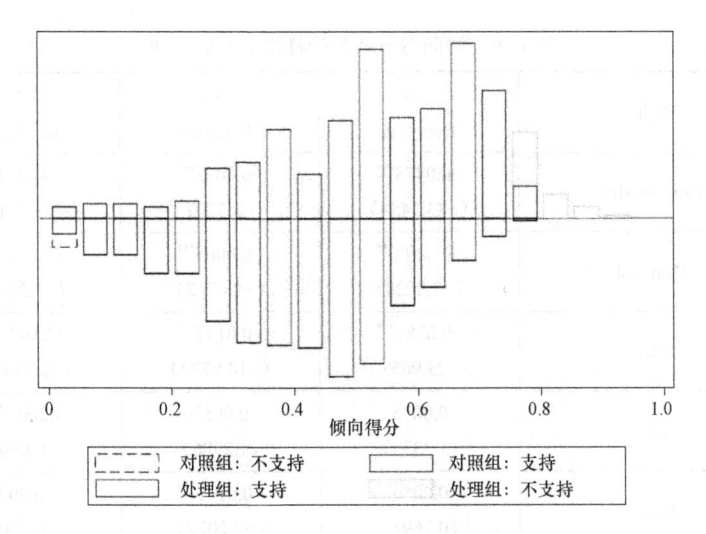

图 6-3　倾向值匹配得分的共同取值范围

为了避免损失样本量，本书采用有放回的匹配方式，经过卡尺 ε 为 0.05 的一对一放回式的近邻匹配，匹配前后干预组和对照组的概率密度分布情况如图 6-4 所示。对比可见，匹配前控制组的分布在图形中整体分散，两组样本在相同的倾向匹配得分下所对应的概率密度数值差异明显，直接进行双重差分可能会存在偏误；匹配后两组样本的分布特征更为一致，具有更高的可比性。

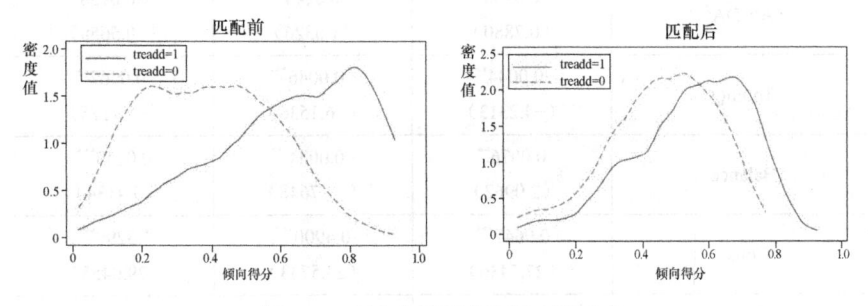

图 6-4　倾向值匹配前后的密度函数

通过以上方法的检验可知，无论从标准化偏差、取值范围还是密度函数的检验效果来看，PSM 后的数据用于进行双重差分都更加具有分组优势。具体结果如表 6-9 所示。

表 6-9 倾向得分匹配的样本的回归结果

变量	(1) Herd_ing	(2) Herd_buy	(3) Herd_sell
Psm_postlist	−0.0478***	−0.0072***	−0.0231***
	(−13.3454)	(−3.3207)	(−5.4214)
Psm_list	−0.0298***	−0.0065***	−0.0285***
	(−7.8028)	(−2.6712)	(−6.2244)
Size	−0.0382***	−0.0142***	−0.0453***
	(−23.9653)	(−14.9729)	(−22.1316)
Lev	0.0095	0.0057	0.0386***
	(1.3335)	(1.2986)	(4.2388)
Board	0.0055	−0.0141***	−0.0021
	(0.7691)	(−3.2027)	(−0.2504)
Roa	−0.3529***	−0.0554***	−0.3736***
	(−15.8542)	(−3.5649)	(−15.1200)
Indep	−0.0264	−0.0038	−0.0085
	(−1.0618)	(−0.2382)	(−0.2725)
Top1	0.0049	0.0029	0.0169
	(0.4045)	(0.3846)	(1.1224)
Big4	0.0104**	−0.0002	0.0055
	(2.0252)	(−0.0698)	(0.8343)
AbsDA	0.0160	0.0244	−0.0138
	(0.7880)	(1.6326)	(−0.5658)
TobinQ	−0.0044***	−0.0046***	−0.0067***
	(−4.2313)	(−6.1536)	(−5.7125)
Balance	0.0076**	−0.0084***	0.0143***
	(2.0962)	(−3.7648)	(3.4134)
Cons_	0.9642***	0.4900***	1.3299***
	(27.5436)	(23.5733)	(29.0455)
Year/Industry	Y	Y	Y
Observations	19894	13809	17505
R^2	0.414	0.108	0.275

注：表格汇报 t 值。*、**、***分别表示在 10%、5%、1%的统计水平下显著。

将特征作为匹配变量，为调入融资融券标的的上市公司找到与其调入标的名单前匹配变量相似的非标的企业，持有该两类上市企业股票的机构投资者，在同侪行为效应使用匹配后的样本再次进行双重差分，得到回归结果如表6-9所示，政策的抑制作用是一致的。

6.3.4 排除IPO当年影响

机构投资者在持有上市公司股票的时候可能会受到IPO[1]当年的影响，企业IPO当年或前后有动机对财务披露的数据进行盈余管理，为避免该事件的影响，本书对IPO当年的样本进行了剔除并进行双重差分的回归，结果如表6-10所示，发现Postlist的相关系数依然显著为负。

表6-10 剔除IPO当年样本的回归结果

变量	(1) Herd_ing	(2) Herd_buy	(3) Herd_sell
Postlist	−0.0462*** (−12.8799)	−0.0068*** (−3.1733)	−0.0217*** (−5.1005)
List	−0.0314*** (−8.1453)	−0.0071*** (−2.8966)	−0.0298*** (−6.4946)
Size	−0.0372*** (−23.0478)	−0.0134*** (−14.5168)	−0.0443*** (−21.5809)
Lev	0.0085 (1.2092)	0.0058 (1.3202)	0.0376*** (4.1729)
Board	0.0052 (0.7279)	−0.0144*** (−3.2809)	−0.0022 (−0.2667)
Roa	−0.3469*** (−15.4901)	−0.0567*** (−3.6494)	−0.3672*** (−14.8018)
Indep	−0.0231 (−0.9294)	−0.0041 (−0.2538)	−0.0019 (−0.0624)
Top1	0.0077 (0.6298)	0.0019 (0.2493)	0.0199 (1.3276)

---

[1] IPO即首次公开募股（Initial Public Offering），是指企业第一次将公司股份向公众出售。通常上市公司的股份是根据证监会出具的招股书或登记声明中约定的条款，通过经纪商或做市商进行销售的。IPO的具体过程由证监会依法依规进行考核与审批工作。

续表

变量	(1) Herd_ing	(2) Herd_buy	(3) Herd_sell
Big4	0.0115** (2.2442)	0.0012 (0.4550)	0.0059 (0.9243)
AbsDA	0.0204 (1.0003)	0.0233 (1.5926)	−0.0057 (−0.2320)
TobinQ	−0.0039*** (−3.6888)	−0.0042*** (−5.8110)	−0.0062*** (−5.1660)
Balance	0.0080** (2.1932)	−0.0085*** (−3.7953)	0.0145*** (3.4815)
Cons_	0.9412*** (26.4281)	0.4736*** (23.3198)	1.3059*** (28.0976)
Year/Industry	Y	Y	Y
Observations	19987	13890	17606
R^2	0.412	0.108	0.277

注：表格汇报 t 值。*、**、***分别表示在10%、5%、1%的统计水平下显著。

以上的稳健性检验的结果表明，运用多期双重差分对机构投资者的同侪行为效应与融资融券政策进行检验，结果表明政府的相关制度设计可以有效地抑制机构投资者的有限理性行为，起到稳定市场、有效监管的正面作用。

6.4 进一步研究

6.4.1 持股动机的收益分析

融资融券标的与非标的为上市企业，其中上市企业每股收益❶通常用

---

❶ 每股收益：上市企业的每股收益为净利润除以股本。通常其作为企业的经营成果指标，用以衡量普通股的获利水平，是企业外部投资者评价企业盈利能力、预测企业成长潜力、评估投资风险进而做出相关决策的重要财务指标之一。

以评价企业经营成果和投资风险。对比企业的战略或价值等因素，每股收益是典型的公开信息，是企业依法披露的财务表内事项。机构投资者极易获取，不存在不明确的客观因素。如果机构投资者持股是出于企业具有较强的获利能力这方面考虑，则比较关注这一代表性指标。如果机构投资者是短期持股，获得投机收益，则很有可能并不关注企业的获利核心指标。因此持股收益指标可以作为机构投资者持股动机的分组指标。

本书对融资融券政策中机构投资者持股对象进行收益分组，参考褚剑和方军雄的研究，按照每股收益相比于上一期是否下滑，将上市公司分为盈利能力上升和盈利能力下降组别，研究机构投资者同侪行为效应在政策冲击下的对资产价值和风险的认知区别，结果如表6-11所示。

表6-11 机构投资者持股动机的收益分析

变量	盈利能力下降			盈利能力上升		
	（1）Herd_ing	（2）Herd_buy	（3）Herd_sell	（4）Herd_ing	（5）Herd_buy	（6）Herd_sell
Postlist	−0.0583*** (−7.1678)	−0.0127*** (−2.9312)	−0.0368*** (−3.9153)	0.0012 (0.8338)	−0.0034 (−0.8261)	−0.0101 (−1.3662)
List	−0.0316*** (−3.8396)	−0.0075 (−1.3927)	−0.0262*** (−2.9242)	0.0037** (2.3331)	0.0033 (0.6273)	−0.0296*** (−3.2753)
Size	−0.0445*** (−13.5664)	−0.0115*** (−5.7756)	−0.0460*** (−10.8911)	−0.0029*** (−4.0293)	−0.0154*** (−8.3727)	−0.0481*** (−10.2350)
Lev	0.0546*** (3.6871)	0.0207*** (3.1675)	0.0589*** (3.1676)	0.0049 (1.0929)	0.0100 (0.9093)	0.0579*** (3.2386)
Board	0.0112 (0.7820)	−0.0217** (−2.5502)	0.0051 (0.3012)	−0.0080*** (−2.8252)	−0.0206** (−2.4749)	−0.0047 (−0.2808)
Roa	−0.2994*** (−7.6240)	0.0037 (0.1490)	−0.2900*** (−7.0919)	−0.0032 (−0.2248)	−0.1372*** (−3.7717)	−0.3911*** (−6.9197)
Indep	−0.0377 (−0.7837)	−0.0177 (−0.5531)	−0.0403 (−0.7052)	0.0060 (0.5673)	−0.0180 (−0.5915)	0.0165 (0.2734)
Top1	0.0022 (0.0867)	0.0148 (0.9192)	−0.0171 (−0.5568)	0.0057 (1.1122)	0.0178 (1.2725)	0.0448* (1.7446)
Big4	0.0183** (1.9897)	−0.0025 (−0.4712)	0.0081 (0.7057)	−0.0014 (−1.1308)	0.0023 (0.5403)	0.0076 (0.6903)

续表

变量	盈利能力下降			盈利能力上升		
	(1) Herd_ing	(2) Herd_buy	(3) Herd_sell	(4) Herd_ing	(5) Herd_buy	(6) Herd_sell
AbsDA	0.0128 (0.3129)	0.0038 (0.1204)	−0.0171 (−0.3664)	0.0002 (0.0196)	0.0013 (0.0401)	0.1014* (1.9011)
TobinQ	−0.0040* (−1.7845)	−0.0017 (−1.1717)	−0.0051** (−1.9666)	−0.0012*** (−2.8945)	−0.0054*** (−4.9949)	−0.0077*** (−2.7562)
Balance	0.0086 (1.1816)	−0.0088** (−2.0708)	0.0127 (1.5712)	−0.0017 (−1.0675)	−0.0014 (−0.3139)	0.0165** (2.1745)
Cons_	1.1470*** (15.5335)	0.4863*** (10.2425)	1.3249*** (13.7957)	0.0975*** (6.6165)	0.5114*** (12.7034)	1.0526*** (10.5633)
Year/Industry	Y	Y	Y	Y	Y	Y
Observations	3996	2638	3600	4007	2923	3507
R^2	0.460	0.099	0.315	0.039	0.117	0.306

注：表格汇报 t 值。*、**、***分别表示在 10%、5%、1%的统计水平下显著。

企业盈利能力下降说明业绩不良，收益风险会进一步增大，机构投资者在持有这一部分股票的时候，更有可能是出于价值投资之外的目的，融资融券政策可以抑制这部分股票的机构同侪行为。如果每股收益上升，机构投资者相继持有它，则很可能是正常的价值投资，该类投资具有业绩支撑，有获得良好收益的预期，融资融券政策并没有抑制该类机构投资者的同侪效应，说明了该政策不能够起到稳定市场的良好作用，以及从制度设计与安排上起到引导价值投资的目的。

6.4.2 持股动机的换手率分析

与每股收益相反，换手率往往是价值投资的反向指标。上市公司的股票的换手率越高，越有可能存在短期持股，通过换手获得投机收益的可能。换手率在金融市场的研究中经常用来衡量市场的交易气氛或者市场，本书多次提及并使用该个股指标。个股的换手率总是与投资者情绪、持股目的和股票资本定价泡沫产生联系。总之我们认为，过高的换手率很可能意味着投资者们争相炒作而没有长期持股意愿。本节使用个股的平均超额换手率❶对样本进行分组，按照上四分位数和下四分位数将上市企业分为高换手率组和低换手率组进行回归，如表6-12所示。

表6-12 机构投资者持股动机的换手率分析

变量	高换手率			低换手率		
	（1）Herd_ing	（2）Herd_buy	（3）Herd_sell	（4）Herd_ing	（5）Herd_buy	（6）Herd_sell
Postlist	−0.0393*** (−7.5867)	−0.0107*** (−2.6792)	−0.0185*** (−2.7146)	0.0023 (1.4805)	−0.0044 (−0.9581)	0.0049** (2.5559)
List	−0.0329*** (−6.5595)	−0.0055 (−1.3872)	−0.0335*** (−5.0765)	−0.0009 (−0.6938)	−0.0083* (−1.9362)	−0.0011 (−0.6794)
Size	−0.0370*** (−15.3126)	−0.0149*** (−8.1286)	−0.0429*** (−12.3957)	−0.0019*** (−3.3055)	−0.0134*** (−7.6573)	−0.0030*** (−4.1845)
Lev	0.0166 (1.2276)	−0.0007 (−0.0946)	0.0315 (1.6316)	0.0020 (1.2438)	−0.0002 (−0.0384)	0.0038 (1.3836)
Board	−0.0106 (−1.1972)	−0.0222*** (−2.9830)	−0.0267** (−2.0784)	−0.0073** (−2.3154)	−0.0156* (−1.7004)	−0.0070* (−1.7825)
Roa	−0.2977*** (−8.9293)	−0.0416 (−1.5598)	−0.3268*** (−8.3216)	0.0098 (1.2810)	−0.0666*** (−2.9369)	0.0065 (0.6308)
Indep	−0.0430 (−1.2181)	0.0293 (1.0362)	−0.0866* (−1.7137)	−0.0014 (−0.1240)	−0.0112 (−0.3433)	−0.0006 (−0.0459)
Top1	0.0171 (1.0224)	0.0065 (0.4668)	0.0353 (1.5739)	0.0006 (0.1120)	0.0028 (0.1949)	0.0018 (0.2936)
Big4	0.0113 (1.6058)	0.0015 (0.3182)	0.0109 (1.1294)	−0.0036*** (−2.5896)	−0.0071 (−1.4530)	−0.0051*** (−2.7264)
AbsDA	0.0268 (0.8821)	0.0154 (0.6064)	−0.0145 (−0.3819)	0.0057 (0.5991)	0.0190 (0.7257)	0.0096 (0.7956)
TobinQ	−0.0053*** (−3.5289)	−0.0065*** (−5.7799)	−0.0070*** (−3.7198)	−0.0008** (−2.0916)	−0.0054*** (−4.4258)	−0.0013*** (−2.7642)

❶ 平均超额换手率=第 t 期月换手率平均数−第 t 期月换手率平均数

续表

变量	高换手率			低换手率		
	(1) Herd_ing	(2) Herd_buy	(3) Herd_sell	(4) Herd_ing	(5) Herd_buy	(6) Herd_sell
Balance	0.0086* (1.8253)	−0.0066* (−1.7486)	0.0166*** (2.7129)	−0.0036** (−2.5761)	−0.0062 (−1.5313)	−0.0039** (−2.3028)
Cons_	0.9971*** (19.3309)	0.5215*** (13.0806)	1.3795*** (18.0821)	0.0804*** (5.6457)	0.4897*** (11.9674)	0.1243*** (6.9928)
Year/Industry	Y	Y	Y	Y	Y	Y
Observations	4 934	3 514	4 277	4 948	3 300	4 466
R^2	0.399	0.128	0.268	0.038	0.129	0.051

注：表格汇报 t 值。*、**、***分别表示在10%、5%、1%的统计水平下显著。

从回归结果来看，融资融券政策可以抑制高换手率的机构同侪行为，对于低换手率的组别，融资融券政策没有起到统一的影响作用。总体上而言，机构投资者在融资融券制度的影响下，对于市场中炒作气氛比较浓厚的个股，其同侪行为更加谨慎。总体而言，机构投资者有限理性行为中的非理性部分可以被政府规制。本节以同侪行为受到融资融券政策抑制为例，从持股收益和换手率的角度来看，对机构投资者持股动机中的炒作成分具有抑制作用。假设6-1得以证明。

对于机构投资者持股动机是否具有投机性，本节以正反两个指数进行了实证，得到了较为一致的结论。这充分证明了融资融券制度设计对于机构投资者有限理性中的非理性成分的抑制作用，也说明了好的制度设计是通过柔性的安排和刚性的配套结合作用的。柔性安排给了市场调节的空间，刚性配套给了执行框架。如同融资融券制度，在设计的时候就充分考虑了国际经验和中国实情，为我国市场带来了合法的对冲机制和场内杠杆，给了投资者操作空间并抑制了机构投资者的同侪行为，同时又给予政策调整，跟随证券市场的实际变化进行调入调出，并严格执行相关配套。比之设置简单划一的熔断机制,人为自动停盘的刚性制度,本书认为柔性制度与刚性配套的监管机制更加适合还在成长和摸索发展期的中国证券市场。

6.5 本章小结

本章针对机构投资者有限理性行为与宏观政策之间的关系,重点研究问题为:机构投资者作为监管对象具有有限理性,在市场调节机制失效状态下由政府规制进行补充调节作用,政府及有关部门的政策实施可以缓解机构投资者的投机成分,降低操纵风险,抑制机构投资者的同侪行为。

具体采用多期双重差分模型,以融资融券政策为例,按照政策起始点和六次扩容,来区分调入标的上市企业,并按照是否为融资融券标的进行分组,检验样本中的上市企业干预组和控制组的机构投资者同侪行为、同侪卖出行为和买入行为的政策抑制。具体研究内容如下:

首先,双重差分的基准回归结果表明机构投资者的同侪行为效应受到融资融券政策的抑制,说明政府及相关部门可以通过完善制度设计和监管政策来抑制市场调节无力的环节。机构投资者的有限理性行为受到政府政策的规制。

其次,使用了扩容窗口期检验、平行性检验、倾向得分匹配检验和排除上市公司 IPO 当年影响等方法对因果效应模型进行了稳健性检验,从检验结果来看,模型的选择具有适应性和合理性,实证结论具有稳定性。

最后,从机构投资者不同持股动机与政策抑制作用的角度进行了进一步研究。从持股动机的收益方面来看,融资融券政策可以抑制机构投资者对于市场业绩不佳、盈利能力下降的上市企业的偏好,而对于盈利能力较好的具有一定投资价值的股票,没有抑制作用;从持股的换手率方面来看,融资融券政策可以抑制机构投资者对于高炒作气氛、高换手率的上市公司的偏好,而对于低换手率的股票,没有抑制作用。也就是说机构投资者的持股动机偏向非业绩支撑和短期的时候,抑制作用显著,偏向业绩支撑和长期持有时,抑制作用不显著。

　　总体而言,融资融券作为由国务院批准、相关部门实施的政策安排,对机构投资者有限理性中的部分行为可以起到抑制作用,起到市场之外的有效监督、管理和规范作用。在对资本市场进行"穿透式监管"的要求下,优化制度设计,实施符合市场特色的具体政策和配套,有助于缓解市场中的信息不对称,有助于调整投资者机构,引导机制投资,预防市场大幅波动引发的金融风险,保障金融资本市场的平稳健康发展。

第 7 章

结论与建议

我国机构投资者自 1998 年正式诞生以来,经历 20 多年的发展,已经成为我国资本市场的重要构成,也成为发展中国特色的资本市场必不可少的投资者主体之一。近些年来中国股票市场进入动荡时期,机构投资者、基金抱团、消费股大涨等热点事情的背后都离不开机构投资者有限理性行为的影子,机构投资者与企业、市场和政府之间联系紧密,是一个完整的生态构成。本书梳理了国内外机构投资者有限理性行为的相关研究的进展和主要观点;在"前景理论"和"信息不对称理论"的基础上,认为机构投资者在资本市场体系中具有三重主体地位——企业外部股东、市场参与者和政府监管对象,并进行了研究机制梳理和前提假设;使用第 3 章的测度数据,通过第 4 章、第 5 章和第 6 章实证了机构投资者有限理性行为的关系研究,为政府部门和监管机构的相关政策提供支撑和依据;通过分析得到如下基本结论与政策建议。中国证券市场的高质量运行,需要机构投资者、政府和相关部门共同努力,下好平稳发展的"先手棋",打好问题整改的"主动仗",织好风险隐患的"防护网"。

7.1 基本结论

本书通过分析与实证,具体结论如下。

(1) 机构投资者正处于关键发展阶段,逐步成为我国资本市场的最大交易主体。

从内部结构上看，我国机构投资者群体已经形成了多样性、多层次主体，多元化发展的格局。从行为特征上看，我国机构投资者的决策行为与社会决策类似，存在网络系统；投资周期偏短，持股周期差异较大，投机与投资的持股行为并存；存在抱团、羊群等同侪行为；在投资策略上有题材炒作的偏好；在规制中受到政府推动、制度设计和调控调整。综合以上特点，考虑机构个体之间的相互连接和影响，本书使用网络系统和LSV模型对机构投资者有限理性行为进行多个维度的分析与测度，具体包括：

①面板数据使用网络遍历后的持股比例衡量机构投资额对上市公司战略或者价值的认可程度。使用聚类后的持股比例衡量机构投资者权威集群对上市公司战略或者价值的认可程度。

②时间序列数据通过密度熵中归一化的度序列熵度量了机构投资者有限理性行为下的市场持股行为，通过结构熵中的一阶结构熵度量了机构投资者有限理性行为下的私有信息传播。

③同侪行为指标使用LSV模型，并分小样本分别计算了买方同侪行为和卖方同侪行为。三类指标是下文从不同角度分析证明企业、市场与政府关系的数据基础。

（2）本书进行了机构投资者有限理性行为与企业之间的关系研究。

1）从风险规避角度，使用线性双重固定效应模型验证了机构投资者有限理性行为的风险认知，研究发现：

①机构投资者无论考量的是普遍性的还是权威性的指标，都对持有战略风险较高的企业股票表示谨慎。

②不同群体特征的机构在持股行为中关注的财务信息披露侧重点不同，大多数的机构投资者比较关注资产负债表，机构权威集团更加关注利润表。

③机构投资者难以接受国有企业战略风险较大，但是对于非国有企业这一倾向则并不明显。

④机构投资者的决策受到股票市场整体行情的影响，机构的持股行为和调节作用都具有非对称性。机构投资者的避险态度从理论上分析可能是

源于信息不对称，机构投资者无法细致分辨对方的战略到底是"改革创新"，还是"离经叛道"。

2）机构投资者与企业之间并非只有规避风险的关系，还存在价值偏好。使用二次项、调节效应、门限回归等非线性模型，验证了机构投资者对于企业价值创造的持股决策并没有偏好一致性。具体以创新价值举例，研究发现：

①机构投资者有限理性行为下偏好企业科技创新并不是简单的线性关系。机构投资者持股与企业创新投入之间存在倒 U 形的关系；机构投资者与企业创新产出之间存在反 N 形的关系。

②通过滞后算子检验，发现加入滞后算子后二者都呈现三区制，具有统一性。

③在机构投资者持有与企业创新投入的相关关系中，投资者情绪起到了中介作用，该遮掩效应的影响占比并不高，说明机构投资者在持有股票的时候以自身的策略及判断标准为主要因素。

（3）本书进行了机构投资者有限理性行为与市场之间的关系研究。

通过时变参数向量自回归模型，本书验证了机构投资者持股行为与私有信息传播会影响股票市场的走势，研究发现：

①机构投资者的有限理性行为与我国股票市场的走势和特征之间存在的时变关系，根据随机波动性可以分为平稳期、抬升期和震荡期。

②使用响应函数研究机构投资者与股市的关系时，机构投资者的有限理性持股行为和私有信息传播的时变性活跃是近些年的事情，同时二者受到市场重要事件的影响会发生重大变化。机构投资者的抱团持股未必会助推股票市场走势，很有可能产生负面影响。机构投资者私有信息的传播可能偏于乐观、发生外溢，会助推股票市场走势。

③机构投资者有限理性行为下的持股行为和私有信息传播二者具有发展阶段上的不对称性和不同市场状态下的异质性。杠杆"牛市"中，机构投资者很可能助长了炒作气氛，不利于市场的健康发展；震荡市场中，反而可以起到一定的稳定作用。

④机构投资者持股行为与私有信息的传播之间的联动关系是相反的，说明了机构投资者持有股票时反而降低了同业之间的私有信息的传播，呈现竞争者关系。价值投资时期，机构与机构之间私有信息传播受到机构投资者持股的冲击最小，表现出合作者的特征。

（4）本书进行了机构投资者有限理性行为与政府政策之间的关系研究。

通过建立多期双重差分的模型，本书验证了机构投资者行为中的非理性成分受到政策约束和抑制，研究发现：

①政府及有关部门的政策实施可以缓解机构投资者的投机成分，降低操纵风险，抑制机构投资者的同侪行为。

②本书通过一系列检验方法证明模型具有稳健性，结论具有可靠性。其中由于杠杆牛市的存在，第一窗口期中政策对卖出同侪行为的抑制作用不够显著。

③融资融券及扩容政策可以抑制机构投资者对于市场业绩不佳、盈利能力下降的上市企业的偏好，也可以抑制机构投资者对于高换手率的上市公司的偏好，降低炒作行为。而对于盈利能力较好的具有一定投资价值的股票和换手率低的股票，没有抑制作用。这间接说明市场调节失灵时，政府调控对机构行为中的非理性成分的有效抑制。

7.2　相关建议

根据本书的研究内容和相关结论，在机构投资者有限理性行为特征的测度与"企业-市场-政策"的关系研究中发现，机构投资者的决策行为、信息传播、模仿和羊群等同侪行为对上市企业解决实施战略与创造价值的融资约束，对证券市场市场的走势与发展会产生重大影响。作为资本市场中的重要结构主体，机构投资者的部分行为约束来自政府规制。因此从有限理性行为出发，对于机构投资者自身决策、政府及相关部门制定政策都具有重要意义。

7.2.1 机构启示

（1）机构投资者是资本市场的主要参与者，机构投资者本身也是企业，收益最大化是企业重要经营目标和根本追求，是企业进行投资决策和行为的动力源泉。有限理性行为是企业在这一追求和市场现实、约束条件下的理性选择。机构投资者在进行投资行为决策的时候，需要更全面地理解上市公司战略选择的经济后果，在肯定战略选择带来核心竞争力的同时，对其风险与价值具有高度辨识能力。避免因为信息不对称带来的投资损失固然重要，但是部分战略偏差较大的上市公司很可能采用了"差异化战略"从而具有竞争优势，部分创新投入确实面临前期的高投入与后期的快速发展问题。机构投资者拥有比普通个人投资者更多的持股优势，《中华人民共和国证券投资基金法》允许其通过现场调研、企业走访等方式了解上市公司实际经营与风险，机构投资者更有可能在相对信息优势下通过外部股东的治理引导其提高战略风险信息、科技创新价值的披露数量和质量，提示其在谋划战略布局时，充分认识到战略偏离行业常规道路可能会面临的经营风险，重视相关信息的披露，在不泄露内部机密、不影响对方经营战略的情况下向市场适当披露研发项目的进展情况及相关的长远战略，做好宣传及解释工作，提高上市公司信息披露评级，缓解企业战略差异带来的信息不对称，缓解企业战略与价值投入等带来的不利融资后果，缓解博彩偏好和情绪因素的不利影响。机构投资者发挥多重身份优势，有利于解决上市企业融资约束，为战略实施和价值创造开辟融资道路，实现双赢。

（2）机构投资者的收益最大化是企业重要经营目标和根本追求，但并不是唯一追求。机构投资者除直接投资外还担任委托人角色，在受托投资过程中应该坚持投资者利益优先的原则，既要避免利益冲突，又要防止利益输送，严格遵守内幕交易防范制度，与上市公司之间避免"合谋"，坚决杜绝通过该类行为获得信息优势操纵市场，危害其他投资者利益的行为，坚守底线意识。另外，机构投资者作为金融服务业的主要力量，服务的是具有中国特色社会主义的资本市场,其工作的最终目的是运用资本来服务于人民的美好生活,而不是服务于资本本身。因此机构投资者应该充分发挥将储蓄向直接融资工具转化的功能机制,从事前的定价机制和事后的监督机制中发挥优势,以专业的持股决策理念和长期的投资者视角,为上市企业创造价值服务,避免概念炒作、噪声交易、短期套利等操作;提高信息收集和处理、理论素养和技术操作、交易成本和股东优势等内核能力,努力发挥机构投资者的"压舱石"的功能,以价值引领作为驱动力,做好个人投资者的风向标;以"稳定器"的身份增强资本市场韧性,形成可持续发展的行业生态链,做好政府和相关部门改革监管的"排头兵",守住不发生系统性金融风险的前线关口。

7.2.2 政策建议

我国金融体系与市场参与者结构都是中国经济发展模式的组成部分,为促进中国经济发展发挥了重要作用。在新形势下,我国经济发展模式从高速增长转向高质量发展,作为市场重要参与者的机构投资者,其有限理性行为与企业、市场和政策之间存在诸多关联,需要根据实际,按照构建新发展格局的要求进行调整和改革。结合研究结论,本书主要有以下政策建议。

1. 认知机构投资者行为特点,发挥机构投资者的作用

相比一般个人,机构投资者具备独特的主体角色、行为特征和市场职能,从我国目前的发展阶段和规模来看,机构投资者的发展仍然具备潜力。从国际经验来看,发展多层次的资本市场离不开机构投资者的参与。我国机构投资者从诞生到发展都离不开政策的推动和导向,从"超常规的发展模式"到"穿透式监管"是不同时代背景和发展要求下监管部门提出的不同的总体要求和监管风格。以政府推动、政策导向为助力的发展模式需要监管当局加强对机构投资者的科学认知,尤其是机构投资者本身也是企业法人,作为专业机构它的决策与行为同样是有限理性的。把握事物的全局

性和规律性，结合宏观经济运行的要求和资本市场的特点，才能够制定出切实有效的政策，进行符合现实可行的制度设计，推动机构投资者的高质量发展，保障证券市场健康稳定运行。从机构投资者的行为特征角度来看，机构之间并非独立存在的个体，而是如同社会网络一般的系统。相较于素不相识的广大个人投资者，机构投资者之间的网络化特征更加明显，表现在行为上很可能具有行业上的聚集效应，在模仿、羊群等同侪效应发生的时候，叠加网络链接会传播得更加迅速，既包括行为传染，又包括信息传播。同时，机构投资者又具有三重身份，是上市企业的外部股东、市场参与重要主体和政府监管的对象，是多方关系的重要环节，政府与相关部门在进行监督、管理和制度完善的过程中，深刻认识机构投资者的有限理性，科学防范其行为中的非理性成分，充分发挥机构投资者的重要作用，是极其重要的。

2. 优化机构投资者结构，构建良好的专业队伍

目前我国的机构投资者结构基本为以公募基金为主体，私募基金、保险、证券、社保、信托、QFII等共同组成。其中以证券投资基金持股比例最高，占据绝对主导地位，但是结构依然不够合理。市场的健康发展离不开各类机构投资者规范经营、均衡发展，构建投资主体的多元化、多层次资金共同发展。积极发展各类机构投资者，要充分认识到由于其成立背景、资金来源、盈利目标等方面异质性明显，决定了他们持股行为有很大不同，掌握的信息层次也不同，传导出来的对于其他投资者的引导作用、信息信号也存在差异。监管部门应完善具有特色性的投资管理方式和差异化管理；继续推动相关政策措施，提高行业准入，严格牌照管理，继续细化和完善合格投资者认定标准；加强基金分类监管的力度，提高基金管理透明程度，加强基金经理自律学习，提高协会管理与行业监督配套；探索养老保险规模化入市的运营模式、管理机制、政策配套、监管办法等，通过完善设计来促进关系国计民生的资本入市后的保值增值，引导机构投资者发挥更加充分的中介作用，将国家、企业和个人的资本积累平安入市，实现社会资本的平均边际收益；加快引入更多中长期资金，改善投资结构，同时强化

经营机构的长期业绩导向，继续推进基金管理人分类监管，形成合理均衡的考核机制和市场化长期性的激励约束机制；开展专业化多元化培训，有选择地借鉴国际经验，提高机构的投资研究能力和研报水平，在信息不对称的客观环境和机构自身约束真正改变的情况下，以高水平、专业性克服有限理性行为带来的不良后果，把风险控制在小范围内；加强重点分析，分类精准监管，引导各种机构发挥优势，打造一支合格的机构投资者队伍。

3. 提高企业信息披露水平，维护市场中的信息公平

在企业发展乃至行业壮大的过程中离不开外部融资，其中股权融资是其获得发展输血的重要途径，相关部门应认识到投资者认可对企业解决融资约束的重要作用。由于我国目前依然是银行信贷主导的金融市场结构，相关部门应当积极推进证券、银行、基金、保险等多种途径相结合的市场型融资途径，引导金融机构积极参与企业价值创造类的经营活动（例如本书中举例的科技创新活动），为类似的长远战略提供稳定的、理性的股市融资渠道。增加了解、信息公开是较为有效的途径，同时信息的公开与透明也是解决机构投资者信息优势地位造成市场信息不公平这一问题的途径。一方面，进一步规范企业战略信息的披露。证券市场中的投资者作为企业的外部股权人，面临对企业研发披露的信息掌握不充分的问题。即使是机构投资者，对于战略差异化企业、新兴技术型企业，表外信息披露的完善是获取机构投资者认可的重要方式，需要监管部门的推动和规范。将监管的强制性放在信息披露的内容和形式上，而不是实证性的审批上，与即将迎来的全面注册制度做好信息配套。另一方面，市场的中公开信息是公平信息，但是本书的大量梳理与研究证明机构投资者处于优势地位，体现在时效上、数量上和质量上。个人投资者相较之下更加缺乏辨别和处理信息的能力，不但无法分散或者对冲风险，更多的跟随和模仿等交易会放大机构判断的市场后果。相关部门促进公开信息的披露，提高信息透明程度，有助于维护投资者市场公平。监管部门应坚持公开、公平、公正的"三公"立法精神和监管原则；严禁企业与机构之间联合与内幕交易，对精准增持和减持保持高度警觉，并持续采取高压态势，使机构归位尽责；依法查处

虚假陈述、内幕交易、操纵市场、利用未公开信息交易、编造和传播虚假信息等重大违法违规的案件，对涉嫌相关案件的机构与经理人提交司法部门依法处理；充分利用大数据、人工智能等新技术监管手段，精准定位违法违规线索与事实，提高监管的威慑力，严肃职业纪律、净化市场生态，切实保护投资者合法权益。

4. 关注市场概念炒作与波动异常，出动"组合拳"引导价值投资回归理性

我国证券市场是全球新兴资本市场中的重要一环，作为中国特色的融资市场，其政府推动和制度安排保障了发展的速度和规模，是中国模式的一部分。发挥市场机制，也需要有效监督管理，尤其是市场中的聚集、抱团、概念炒作、私有信息传播等问题，容易造成市场的波动，影响长期稳定的发展节奏。相关部门在对机构投资者进行监管的时候要注意使用"组合拳"，从上市企业角度，判断在高新科技创新领域中是否存在企业自身炒作概念的行为。政府部门建立评价机制，才能厘清干事创业、真抓实干的优秀创新型企业，建立预警机制，尤其是在重构并购板块，有助于外部投资者甄别"骗补骗保骗融资"的红灯企业；从机构投资者行为角度，发挥重仓持股机构积极的公司治理作用，强化经营机构的长期业绩导向，继续推进基金管理人分类监管，加强尽责尽调意识，形成合理的考核机制和长期的约束机制。相关部门应关注和控制机构投资者的集体行为、聚类行为、抱团行为，由于概念的炒作容易引发市场模仿，产生资本泡沫，使得资产定价严重偏离股票真实价值，一旦发生风险，没有价值支撑的股票往往更早下跌且跌幅较大。这种投资者行为的同侪性、传染性会引发市场暴涨暴跌，扰乱正常市场秩序，需要相关部门通过前期约谈、事中监控、事后行政处罚、职业禁入和违法追责，将监督前置化、预警化、常态化。从制度设计角度，以融资融券为例，相关部门应充分考虑到中国证券市场的现实状况，完善完整对冲机制，发挥融资融券的优势，逐步放开卖空限制。具体包括在控制风险的前提下扩大融资融券标的，使融资融券工具与市场整体规模相配比；降低卖空交易的准入门槛，以降低卖空成本为目标调整交

易费率；促进融券交易与融资交易更加平衡地发展，风险效率兼顾，引导投资者合理配置资金，保证投资方式的多样性，充分发挥柔性制度与刚性配套的良好配合作用。总之，政府及相关部门对于价值投资、长期投资的监管需要从多个角度出发，打出有力度、有实效的"组合拳"。

7.3 研究展望

本书研究了机构投资者的有限理性行为，将研究的重点放在了"企业-市场-政府"三个层面，由于客观上统计资料限制和作者研究水平有限，部分研究内容有待深入，研究方法有待提高。首先，有限理性理论是20世纪中期赫伯特·亚历山大·西蒙提出的，本书将该理论运用于金融市场中的群体决策行为研究，具体地研究了机构投资者的行为。由于该领域的理论研究中，部分学者坚持有效市场假说的理性预期均衡理论，部分学者则认同运用心理学、决策学、信息科学和社会学等学科对有效市场假说进行质疑的行为金融学。此间的相关金融学理论背景深厚，体系复杂，并涉及多门学科交叉。作者从金融统计学科出发，在研究过程中仅就该论题的相关理论进行梳理和归纳，未对相关的研究理论和具体方法进行更加广泛的研究，理论部分有待更加深入。研究结论基于经验数据对金融市场中的进行统计分析，难免由于学科差异存在偏重的不同。但是本书也使用较多数据检验、适用性、稳健性检验，力求在实证过程中不存在统计偏误。其次，由于有限理性行为的测度问题为行为金融学难题之一，本书的测度是从实证需要的角度出发，考虑了机构投资者之间联系性的测度，测度结果并非行为整体的数量化，而是针对研究目标的代理变量的数量化。随着作者研究的深入，将对以上不足继续开展相关研究，构造较为完善的符合我国资本市场实际和机构投资者行为现实的测度和评价体系。

参考文献

[1] SIMON H A. Administrative Behavior[M]. New York: Macmillan, 1947.

[2] SIMON H A. A behavioral model of rational choice [J]. Quarterly Journal of Economics, 1955 (1): 99-118.

[3] ELLSBERG D. Risk, ambiguity, and the Savage axioms [J]. Quarterly Journal of Economics, 1961, 75 (4): 643-669.

[4] ARROW K J. Utilities, attitudes, choices: A review note [J]. Econometrica, 1958, 26 (10): 1-23.

[5] DANIEL K, TVERSKY K A. Prospect theory: an analysis of decision under risk [J]. Econometrica, 1979, 47 (2): 263-291.

[6] STIGLER G J. The economics of information [J]. Journal of Political Economy, 1961, 69 (2): 213-225.

[7] AKERLOF G A. The market for "lemons": quality uncertainty and the market mechanism [J]. Quarterly Journal of Economics, 1970, 84: 488-500.

[8] SPENCE M. Job market signaling [J]. The Quarterly Journal of Economics, 1973, 87 (3): 355-374.

[9] STIGLITZ J E. Equilibrium in competitive insurance markets: an essay on the economics of imperfect information [J]. The Quarterly Journal of Economics, 1976, 90 (4): 629-649.

[10] MIRRLEES J A. The optimal structure of incentives and authority within an organization [J]. Bell Journal of Economics, The RAND Corporation.

1976，7（1）：105-131．

[11] 张维迎．博弈论与信息经济学［M］．上海：上海人民出版社，1996．

[12] ROCK K．Why new issues are underpriced［J］．Journal of Financial Economics，1986，15（1）：187-212．

[13] DIAMOND D W．Financial intermediation and delegated monitoring［J］．Review of Economic Studies，1984，（3）：393-414．

[14] STIGLITZ J E．The role of the financial system in development［C］．Presentation at the Fourth Annual Bank Conference on Development in Latin America and the Caribbean，1998．

[15] FAMA E F．Efficient capital market：a review of theory and empirical work［J］．Journal of Finance，1970，25：383-417．

[16] JANG J，KANG J．Probability of price crashes，rational speculative bubbles，and the cross-section of stock returns［J］．Journal of Financial Economics，2019，132（1）：222-247．

[17] ABREU D，RUNNERMEIER M K．Bubbles and crashes［J］．Econometrica，2003，71（1）：173-204．

[18] CRANE A D，KOCH A，MICHENAUD S．Institutional investor cliques and governance［J］．Journal of Financial Economics，2019，133（1）：175-197．

[19] MUSCIOTTO F，MAROTTA L，PIILO J，et al．Long-term ecology of investors in a financial market［J］．Palgrave Communications，2018，4（1）：92．

[20] DRAKE M S，JOHNSON B A，ROULSTONE D T，et al．Is there information content in information acquisition？［J］．Accounting Review，2020，95：113-139．

[21] MASSA M，ZHANG B，ZHANG H．The invisible hand of short selling：does short selling discipline earnings management？［J］．Review of Financial Studies，2015，28（6）：1701-1736．

[22] 陈胜蓝，卢锐．卖空压力与控股股东私利侵占——来自卖空管制放松的准自然实验证据［J］．管理科学学报，2018，21（4）：67-85．

[23] 李志生，李好，马伟力，等．融资融券交易的信息治理效应［J］．经济研究，2017，52（11）：150-164．

[24] KARPOFF J M，LOU X．Short sellers and financial misconduct［J］．Journal of Finance，2010，65（5）：1879-1913．

[25] 邓学斌，胡凡．融资融券制度、投资者情绪与股票市场系统性风险［J］．暨南学报（哲学社会科学版），2021，43（09）：54-67．

[26] 胡奕明，王雪婷，王资霖．"三类股东"的持股动机与收益偏好研究［J］．会计研究，2020（06）：134-146．

[27] 何诚颖，陈锐，薛冰，等．投资者情绪、有限套利与股价异象［J］．经济研究，2021，56（01）：58-73．

[28] 肖欣荣，刘健，赵海健．机构投资者行为的传染——基于投资者网络视角［J］．管理世界，2012（12）：41-51．

[29] 张学勇，吴雨玲．基于网络大数据挖掘的实证资产定价研究进展［J］．经济学动态，2018（06）：129-140．

[30] 吴田，胡海青，张丹，等．基于复杂网络的交叉性金融业务风险传染仿真［J］．系统工程，2018，36（01）：22-30．

[31] 刘笑霞，狄然．异质性机构投资者持股与股价崩盘风险［J］．现代财经：天津财经大学学报，2019（7）：3-21．

[32] 郭晓冬，王攀，吴晓晖．机构投资者网络团体与公司非效率投资［J］．世界经济，2020，43（04）：169-192．

[33] 张峥，刘力．换手率与股票收益：流动性溢价还是投机性泡沫？［J］．经济学（季刊），2006（02）：871-892．

[34] 焦媛媛，李宇航．同侪影响效应下商店品牌引入对供应链中的参与者决策影响研究［J/OL］．中国管理科学，2021．

[35] MUSCIOTTO F，MAROTTA L，PIILO J，et al．Long-term ecology of investors in a financial market［J］．Palgrave Communications，2018，

4（1）：92.

[36] GRANOVETTER M S. Economic action & social structure：the problem of embeddednes［J］. American Journal of Sociology，1985，91（3）：481-510.

[37] JACKSON M O. The Human Network：You're Your Social Position Determines Your Power，Beliefs，& Behaviors［M］. New York：Pantheon Books，2019.

[38] 逯苗苗，宿玉海. 网络嵌入视角下中国制造业企业高质量发展研究［M］. 北京：经济科学出版社，2021：15-16.

[39] 刘军. 社会网络分析导论［M］. 北京：社会科学文献出版社，2004：1-24.

[40] 谢赤，胡雪晶，王纲金. 金融危机10年来中国股市动态演化与市场稳健研究——一个基于复杂网络视角的实证［J］. 中国管理科学，2020，28（06）：1-12.

[41] 朱相平，彭田田. QFII持股对中国股票市场稳定性的影响——基于中美贸易摩擦背景下的研究［J］. 宏观经济研究，2019（05）：60-73，88.

[42] YIN K D，LIU Z，HUANG C，et al. Topological structural analysis of china's new energy stock market：a multi-dimensional data network perspective［J］. Technological and Economic Development of Economy，2020，26（5）：1030-1051.

[43] BLONDEL V D，GUILLAUME J L，Lambiotte R，et al. Fast unfolding of communities in large networks［J］. Journal of Statistical Mechanics，Theory and Experiment，2008（10）：P10008.

[44] NEWMAN M E J，GIRVAN M. Finding and evaluating community structure in networks［J］. Physical Review，E，2004，69（2）：026113.

[45] SHANNON C E，WEAVER W. The mathematical theory of communication［J］. Massachusetts Institute of Technology，1949，3（9）：31-32.

[46] BRISSAUD J B. The meanings of entropy[J]. Entropy, 2005, 7: 68–96.

[47] ZHOU R, CAI R, TONG G. Applications of entropy in finance: a review [J]. Entropy, 2013, 15 (11): 4909–4931.

[48] XU J P, ZHOU X Y, WU D D. Portfolio selection using λ mean and hybrid entropy[J]. Annals Of Operations Research, 2011, 185: 213–229.

[49] ZHANG W G, LIU Y J, XU W J. A possibilistic mean- semivariance- entropy model for multi-period portfolio selection with transaction costs [J]. European Journal of Operational Research, 2012, 222 (2): 341–349.

[50] TABAK B M, SERRA T R, CAJUEIRO D O. Topological properties of stock market networks: The case of Brazil [J]. Physica A, 2010, 389 (16): 3240–3249.

[51] ZHANG Q, LI M, DENG Y. Measure the structure similarity of nodes in complex networks based on relative entropy [J]. Physica A, 2017, 491 (28): 749–763.

[52] ANAND K, BIANCONI G. Entropy measures for complex networks: Toward an information theory of complex topologies[J]. Physical Review E, 2009, 80 (4): 45–102.

[53] MOWSHOWITZ A. Entropy and the complexity of graphs: I. An index of the relative complexity of a graph [J]. The Bulletin of Mathematical Biophysics, 1968, 30 (1): 175–204.

[54] XIAO Y H, WU W T, WANG H, et al. (2008)Symmetry based structure entropy of complex networks [J]. Physica A, 2008, 387 (11): 2611–2619.

[55] ELLINAS C, ALLAN N, COOMBE C. Evaluating the role of risk networks on risk identification, classification and emergence [J]. Journal of Network Theory in Finance, 2018, 3: 1–24.

[56] LAKONISHOK J, SHLEIFER A, VISHNY R W. The impact of institutional trading on stock price [J]. Journal of Financial Economics, 1992, 32:

23-43.

[57] 姚禄仕，吴宁宁．基于 LSV 模型的机构与个人羊群行为研究［J］．中国管理科学，2018，26（07）：55-62.

[58] WERMERS R．Mutual fund herding and the impact on stock prices［J］．Journal of Finance，1999，2：581-622.

[59] 姚振晔．机构投资者持股与内部人交易——基于中国 A 股市场的证据［J］．南方经济，2019（4）：62-83.

[60] 张安宁，金德环．牛市和熊市下投资者关注对股票收益影响的非对称性分析［J］．投资研究，2014，33（10）：132-148.

[61] PORTER M．Capital disadvantage：America's failing capital investment system［J］．Harvard Business Review，1992，70（5）：65-82.

[62] BERG S，WUSTMANS M，BRÖRING S．Identifying first signals of emerging dominance in a technological innovation system：a novel approach based on patents［J］．Technological Forecasting and Social Change，2019，146：706-722.

[63] HANSEN B E．Threshold effects in non-dynamic panels：estimation，testing，and inference［J］．Journal of Econometrics，1999，93：345-368.

[64] BAKER M，JEREMY C，Stein J．Market liquidity as a sentiment indicator［J］．Journal of Financial Markets，2003，7（3）：271-299.

[65] LIU J，STAMBAUGH R F，YUAN Y．Sizeand value in China［J］．Journal of Financial Economics，2019，134（1）：48-69.

[66] BARON R M，KENNY D A．The Moderator-mediator variable distinction in social psychological research：conceptual，strategic，and statistical considerations［J］．Journal of Personality and Social Psychology，1986，51（6）：1173-1182.

[67] PRIMICERI G E．Time varying structural vector autoregressions and monetary policy[J]．Review of Economic Studies，2005，72(3)：821-852.

[68] NAKAJIMA J．Time-varying parameter VAR model with stochastic

volatility：An overview of methodology and empirical applications[J]. Monetary and Economic Studies，2011，29（11）：107-142.

[69] GEWEKE J. Evaluating the accuracy of sampling-based approaches to the calculation of posterior moments[J]. Staff Report，1992，4（148）：169-188.

[70] 褚剑，方军雄. 卖空约束放松与内部控制质量改善——基于中国融资融券制度的证据[J]. 财贸研究，2020，31（2）：68-79.

[71] 陈骏，徐捍军. 企业寻租如何影响盈余管理[J]. 中国工业经济，2019（12）：171-188.

[72] 黄俊威. 融资融券制度与公司内部人减持——一种市场化治理机制的探索[J]. 管理世界，2020，36（11）：143-167.

[73] 马惠娴，佟爱琴. 卖空机制对高管薪酬契约的治理效应——来自融资融券制度的准自然实验[J]. 南开管理评论，2019，22（2）：61-74.

[74] 李扬，张晓晶，常欣. 中国国家资产负债表2015：杠杆调整与风险管理[M]. 北京：中国社会科学出版社，2015：114-124.